DIE ULTIMATIVE STUDIKÜCHE

TASTY. HEALTHY. CHEAP.

EINFACH GESUND KOCHEN FÜR KLEINES GELD

W0465053

KEVIN TATAR
CREATOR VON @KWOOWK

INHALT

Einleitung 6

KAPITEL 1:
BASICS 10
- Küchenausstattung 12
- Meine Grundzutaten 14
- Grundlegende Techniken und Begriffe 18
- Grundrezepte 22

KAPITEL 2:
FRÜHSTÜCKSZEIT 30
- Kinderleichtes Frühstück 32
- Frühstück aus aller Welt 44
- Ei-nzigartige Frühstücksgerichte 48

KAPITEL 3:
UNTERWEGS ODER AM SCHREIBTISCH 54
- Auf die Hand 56
- Salate 67

KAPITEL 4:
SCHNELLE KLASSIKER 78
- Gerichte, die mich durchs Studium gebracht haben 80
- Comfort Food 90

KAPITEL 5:
ZUM ABENDESSEN **98**
Dinner for One 100
Date Night-Rezepte 108

KAPITEL 6:
PASTA UND BOWLS **118**
Pasta 120
Bowls 128

KAPITEL 7:
PARTY-MUST-HAVES **138**
Für ein volles Haus 140
Fingerfood 148

KAPITEL 8:
SÜSSE LECKEREIEN **156**
Desserts 158
Snacks für Naschkatzen 167

Danksagung 172
Über den Autor 173
Register 174

EINLEITUNG

Willkommen in meinem ersten Buch! Vielleicht kennst du mich bereits als Creator der KWOOWK-Videos – aber egal, ob du schon Rezepte von mir ausprobiert hast oder nicht, ich bin jedenfalls froh, dass du diesem Buch eine Chance geben willst.

Was dich hier erwartet

Ganz bestimmt nichts Extravagantes! Ich habe die Rezepte so entwickelt, dass du unabhängig von deiner Kocherfahrung aus leicht erhältlichen Zutaten und mit minimaler Investition in die Küchenausstattung etwas Köstliches zaubern kannst.

In diesem Buch geht es darum, dass du deinen ersten Schritt in der Küche vertrauensvoll und ohne Angst vor Fehlern machst oder aber den nächsten Schritt tust und deine Kochfähigkeiten ausbaust. Ich möchte, dass du entdeckst, wie viel Spaß es macht, alltägliche Zutaten zu neuen Gerichten zusammenzustellen, die man nach Belieben abändern kann und die obendrein noch fantastisch schmecken. Am Anfang kommt dabei vielleicht nicht genau das heraus, was du dir vorgestellt hast, aber egal: Es wird immer essbar sein. Und darauf kannst du wirklich stolz sein.

Am Anfang waren lecker und preisgünstig

Zwar machen gesunde (oder ziemlich gesunde) Rezepte einen großen Teil meines Repertoires aus, doch sind sicherlich die meisten meiner Follower vor allem an Rezepten für leckere Gerichte interessiert, die preisgünstig zubereitet werden können. Viele meiner Fans studieren noch oder haben gerade erst ihren Schulabschluss gemacht – sie wollen in erster Linie Gerichte mit frischen Zutaten, die schnell gehen und nicht die Welt kosten.

Meine größte Inspiration in der Küche war meine Großmutter. Als ich noch klein war, kochten wir immer gemeinsam für die ganze Familie, und ich stelle mir gern vor, ihr dabei eine große Hilfe gewesen zu sein. Sie brachte mir bei, dass Essen mehr ist als Nahrung, die uns durch den Tag bringt – Essen bringt Menschen zusammen. Das war der Funke, der meine Liebe zum Kochen entfachte.

Später verließ ich mein Heimatland Rumänien, um in den Niederlanden zu studieren. Für mich, einen ahnungslosen 18-Jährigen, der herauszufinden versuchte, wie das Leben funktioniert, hatte das Selberkochen Priorität – nicht zuletzt deshalb, weil das »Studentenfutter« einen ungeheuer schlechten Ruf hatte: Instantnudeln, TK-Pizza, Fast-Food-Burger und die allgegenwärtigen holländischen Kroketten. Das war eher nicht mein Ding. Und so sah ich mich nach Möglichkeiten um, trotz begrenztem Budget nahrhafte Mahlzeiten auf den Tisch zu bringen, auf die ich mich wirklich freute.

Ich wollte damit nichts beweisen. Es machte mir einfach Spaß, und diese Freude wollte ich mit der Welt teilen. Ich glaube, dass Kochen insbesondere

für junge Leute eine grundlegende Fähigkeit ist, die zu einer nachhaltigeren Zukunft unbedingt dazugehört. Aus dieser Überzeugung sind in Kombination mit einfachen Schritt-für-Schritt-Rezepten schließlich die Videos entstanden, aus denen du mich möglicherweise kennst.

Dieses Buch spiegelt wider, wie ich als jemand, der am Anfang so gut wie nichts wusste, Zugang zur unendlich weiten Sphäre des Kochens fand. Das zeigt sich auch ein wenig in meinem Schreibstil: Ich bin kein ausgebildeter Koch, sondern lediglich jemand, der sich gern zu Hause Essen zubereitet und die Welt daran teilhaben lassen möchte. Doch ich glaube, dass du von dieser Herangehensweise enorm profitieren kannst.

Und was ist mit gesund?

»Gesund« ist ein großes Wort. Ich begann nicht zuletzt auch aus Fitnessgründen mit dem Kochen, doch leider ist in diesem Bereich die Essen-ist-nur-Treibstoff-Mentalität weitverbreitet, und damit kann ich einfach wenig anfangen. Für mich ist ein Gericht nicht nur eine Ansammlung von Zahlen – Kalorien, Eiweiß- und Fettgehalt etc. –, die darüber bestimmt, wie »gesund« ich bin.

Natürlich kann gesund nahrhaft, kalorienarm, zuckerreduziert, ballaststoffreich oder reich an Probiotika bedeuten. All das ist wichtig und spielt auch bei meinen Rezepten eine Rolle. Daneben kann gesund aber auch vieles andere bedeuten und Unterschiedliches für unterschiedliche Menschen. Wer einen Keks isst, weil er sich dadurch an seine Kindheit erinnert fühlt, zu einem besonderen Anlass ein Stück Kuchen mit Freund*innen genießt oder nach einer harten Arbeitswoche eine Tüte Käse-Nachochips ganz allein vertilgt, muss sich nicht schuldig fühlen. Bei mir gehört all das in die Kategorie »gesund«! Denn schließlich kann auch Junkfood oder Süßes, in

Maßen genossen, Treibstoff sein – in diesem Fall Treibstoff für die Seele oder das gesellige Miteinander.

Unsere Beziehung zum Essen ist komplex. Wir sollten, denke ich, die Dinge nicht so schnell mit Etiketten versehen, sondern mehr darauf achten, was wir essen und dass dieses Essen uns guttut. Betrachte die folgenden Rezepte also keinesfalls nur durch die »Zahlenbrille«, denn Geschmack und Zufriedenheit gehören zum Essen unbedingt dazu. Wenn ich von »gesund« spreche, meine ich damit im Allgemeinen eine vernünftige Herangehensweise an das Essen und im Besonderen weniger Kalorien, ausgewogene Nährstoffe, reichlich Gemüse, weniger Fett, weniger raffinierter Zucker und angemessene Portionsgrößen. Überlege aber auch selbst, was »gesund« für dich bedeutet. Und vor allem: Hab Spaß!

Die Rezepte anpassen

Du musst dich nicht sklavisch an die folgenden Rezepte halten. Vieles in ihnen kannst du problemlos an deine Vorlieben und Bedürfnisse anpassen.

Du kochst gern regional und saisonal? Nur zu! Wenn du schon etwas Übung hast, kannst du ruhig ein wenig mit den Zutaten spielen oder aus zwei Rezepten etwas ganz Neues machen. Das Kochen lässt viel Raum für Kreativität und Experimentierfreude, und nichts würde mich mehr freuen, als wenn du die Rezepte als Sprungbrett ins eigene fantasievolle Werkeln in der Küche betrachten würdest.

Zu den Ergebnissen stehen

Wenn du selbstbewusster und kreativer in der Küche wirst, gehst du vielleicht auch mehr Risiken ein und bist nicht mehr so aufmerksam. Wenn dann mal etwas schiefgeht (und es geht immer etwas schief), dann sieh es als Chance zur Verbesserung. Überlege, was du falsch gemacht haben könntest und wie du das beim nächsten Mal vermeiden kannst. So wirst du im Handumdrehen ein guter Koch.

An dieser Stelle sei aber auch gesagt, dass Kochen alles andere als eine exakte Wissenschaft ist. Versuche einfach, mit der Zeit ein Gefühl fürs Kochen zu bekommen, und gesteh dir deine Fehler ohne allzu viel Selbstkritik ein. Die Küche sollte ein freier Ort sein, an dem du kreative Entscheidungen auf der Basis deiner Fantasie und deines Bauch(!)-gefühls treffen kannst.

Ich freue mich immer darüber, wenn ich ein Rezept vermasselt habe, beim Essen des Ergebnisses dann aber denke: *Hm, schmeckt doch eigentlich gar nicht so schlecht!*

Intuitiv kochen

Konzentriere dich beim Umsetzen der Rezepte auf deine Intuition und benutze beim Kochen alle deine Sinne. Das ist eine wertvolle Eigenschaft für alle Kochenden. Geh mit der Einstellung des Lernenwollens und der Weiterentwicklung an die Sache heran; folge den Rezepten nicht blind, verbinde dich gewissermaßen mit dem Essen, das du zubereitest. Das klingt jetzt vielleicht etwas abstrakt, doch hast du die Verbindung erst hergestellt, siehst du Essen aus einer ganz neuen Perspektive.

Wer beispielsweise wissen will, wann etwas gar ist, muss auf entsprechende Hinweise achten. Sieh dir die Zwiebeln in der Pfanne an, nimm ihren Geruch wahr. Welche Farbe haben sie? Wie fühlt es sich an, wenn du umrührst? Benutze deinen Geschmacks- und Tastsinn. Sind die Zwiebeln weich? Hörst du ein Brutzeln? Riecht es angebrannt? Vielleicht solltest du dann die Hitze etwas reduzieren, auch wenn im Rezept etwas anderes steht.

Vertraue deiner Intuition und deinen Sinnen! Du kannst es!

Kevin Tatar

Kapitel 1

BASICS

Küchenausstattung	12
Meine Grundzutaten	14
Grundlegende Techniken und Begriffe	18
Grundrezepte	22
Eier kochen leicht gemacht	22
Gemüsebrühe aus Resten	23
Eingelegte rote Zwiebeln (und anderes)	24
Unkomplizierte Hähnchenbrust	25
Joghurtsauce und -dip mit Kräutern	26
Perfekter Reis	27

KÜCHENAUSSTATTUNG

Mit den folgenden Küchengeräten bist du bestens ausgerüstet und kannst sofort loslegen.

Ich würde sagen, dass für 99 Prozent der folgenden Rezepte lediglich eine minimale Küchenausstattung erforderlich ist. Und keine Sorge: Falls du nicht alles davon zu Hause hast, bekommst du die Rezepte wahrscheinlich auch mit dem hin, was du hast – es sei denn, du wohnst zum ersten Mal allein und hast noch nicht einen einzigen Topf gekauft!

Aufbewahrungsbehälter

Mein Rat hier: Kauf dir ein qualitativ hochwertiges Set an Aufbewahrungsbehältern in verschiedenen Größen und mit fest verschließendem Deckel, sobald du es dir leisten kannst. Sie sind hilfreich fürs Kühlen oder Einfrieren von Resten und wirken der Lebensmittelverschwendung entgegen. Schaff dir auch ein paar verschließbare Glasbehälter an, nicht nur für Mehl und Haferflocken, auch für selbst gemachte Saucen und Eingelegtes. Darüber hinaus kannst du in ihnen Suppen für ein leckeres und schnelles Abendessen unter der Woche einfrieren.

Backblech und Backform

Wenn du einen Ofen besitzt, solltest du ihn unbedingt auch nutzen *(siehe auch S. 21)*. Dafür ist ein Backblech absolut essenziell: zum Gemüse- und Fleischrösten, zum Keksebacken und vielem mehr. Ich verwende zudem eine Backform (23 x 33 cm) aus Glas für Aufläufe, Lasagne etc.

Knoblauchpresse

Was zunächst nach einem absolut unnötigen Teil klingt, darf bei mir nicht fehlen, denn ich koche oft, wirklich oft mit frischem Knoblauch. Und wer will mit dem Hacken einer winzigen Knoblauchzehe schon ein ganzes Schneidbrett und ein Messer schmutzig machen?

Küchenmaschine oder Mixer

Ich weiß, dass das zwei verschiedene Geräte für unterschiedliche Zwecke sind, komme aber prima mit nur einem von ihnen aus. Beide eignen sich für die Zubereitung von Saucen, Smoothies und Suppen sowie zum Hacken und vielem mehr.

Messer

Ein gutes Kochmesser ist ungeheuer wichtig! Du brauchst es für fast alles in diesem Buch. Dafür darfst du ruhig etwas Geld ausgeben – die Investition lohnt sich. Übertreiben musst du es aber auch nicht gleich: Achte darauf, dass es schön scharf ist und gut in der Hand liegt.

Mit diesem einen Messer lässt sich so ziemlich jede (schneidende) Vorbereitungsarbeit in der Küche erledigen. Wenn noch etwas Geld übrig ist, würde ich dir außerdem ein Sägemesser für Brot und weiches Gemüse wie z. B. Tomaten sowie ein einfaches Gemüsemesser für Aufgaben, die mehr Präzision erfordern, empfehlen.

Pfannen und Töpfe

Zum Kochen brauchst du etwas, in dem du kochst. In meiner Küche finden sich einige beschichtete Pfannen in verschiedenen Größen, eine große Pfanne aus Edelstahl, in der ich Fleisch und Gemüse scharf anbrate, und ein Stieltopf.

Für Suppen und Brühe empfehle ich zudem einen großen, tiefen Suppentopf mit Deckel und zum Schmoren einen Schmor- oder anderen Topf mit schwerem Boden.

Pfannenwender, Holzlöffel und Spinnensieb

Zum Rühren, Braten, Wenden, Kochen und allgemeinen Handhaben von Speisen, die gerade garen, hat sich Folgendes als hilfreich erwiesen: ein Spatel aus Gummi oder Silikon, ein robuster Holzlöffel, ein breiter Pfannenwender aus Plastik oder Metall und eine Bratschaufel zum Wenden von Eiern, Pfannkuchen und Burgern. Beim Herausheben aus heißem Wasser oder Öl hat sich ein Spinnensieb bestens bewährt. Und ein Rührbesen ist in Situationen, in denen etwas verrührt werden muss, einfach unentbehrlich.

Reiskocher

Der ist nicht unbedingt notwendig, aber SEHR hilfreich, wenn du häufig Reis isst. Mein Reiskocher hat rund 30 Euro gekostet und tut genau das, was er soll. Es ist wirklich praktisch, ihn einfach einschalten und sich dann anderen Dingen zuwenden zu können – und jedes Mal perfekten Reis zu bekommen.

Schneidbrett(er)

Vergiss das winzige Plastikbrettchen, das zur Grundausstattung jeder Studierendenwohnung zu gehören scheint. Wenn es um Schneidbretter geht, lautet mein Motto: Je größer, desto besser. Mein großes Schneidbrett aus Holz liegt immer einsatzbereit auf dem Küchentisch. Aus hygienischen Gründen empfiehlt es sich, jeweils ein Schneidbrett für rohes Fleisch und eines für Gemüse, Nüsse u. Ä. zu haben.

MEINE GRUNDZUTATEN

Es erleichtert das Kochen im Alltag sehr, wenn du einige Grundzutaten in Vorrats- bzw. Kühlschrank immer parat hast. Im Folgenden findest du meine Lieblingszutaten, die auch in den Rezepten in diesem Buch vorkommen. Doch natürlich kannst du sie durch deine eigenen Favoriten ergänzen!

Bohnen aus der Dose

Meine Leidenschaft für Bohnen aus der Dose ist in meiner Community schon so etwas wie ein Meme geworden. In meinen Rezepten tauchen jede Menge Kichererbsen und schwarze Bohnen auf, weil sie vielseitig, preiswert, lecker und nahrhaft sind. Probier doch mal meinen Kichererbsen-Wrap *(siehe S. 60)*!

Eier

Für mich ein Grundnahrungsmittel, wie es im Buche steht. Eier sind preiswert, nahrhaft und praktisch, weshalb sie auch in vielen Rezepten in diesem Buch vorkommen.

Fette und Öle

Meist verwende ich ein mittelpreisiges Olivenöl extra vergine. Für die Alltagsküche muss es nicht unbedingt ein teures Olivenöl sein, aber ein so gutes und aromatisches, dass man es in Dressings und Saucen sowie zum Beträufeln fertiger Gerichte nehmen kann. Verlangt das Rezept ein neutrales Pflanzenöl, greife ich gern zu raffiniertem Sonnenblumen- und Rapsöl, weil diese Öle einen höheren Rauchpunkt haben und sich deshalb gut zum Anbraten bei höheren Temperaturen eignen. Wenn ich Butter verwende, dann nur ungesalzene, dadurch kann ich die Salzmenge im Essen besser kontrollieren.

Frisches Gemüse

Wer auf dem Markt oder beim Obst- und Gemüsehändler regional und saisonal einkauft, bekommt fast immer günstigeres und aromatischeres Gemüse. Und frisches Gemüse verpasst deinem Essen sofort ein Upgrade, glaube mir. Ich mag eigentlich alle Sorten.

Gouda

Ich verwende SEHR VIEL Gouda, weil ich in den Niederlanden ansässig bin (man kennt sie auch als das Land, aus dem der Gouda kommt) und dieser hier hergestellte Käse ein leicht erhältliches und preiswertes Produkt ist. Wer keinen Gouda mag, ersetzt ihn in den jeweiligen Rezepten durch Cheddar oder Gruyère.

Haferflocken

In meinem Vorratsschrank findet sich immer ein Glas altmodischer Haferflocken. Mit ihnen lassen sich nicht nur beinahe unbegrenzt viele preiswerte und nahrhafte Frühstücksgerichte und Desserts zubereiten (etwa die Baked Oats mit Erdnussbutter und Bananen, *S. 35*, oder der Zimtige Apfel-Crumble, *S. 162)*, sie können auch als ballaststoffreicher Ersatz für Mehl verwendet werden, wie in meinem Gesünderen Schoko-Lavakuchen *(siehe S. 158)*.

Hähnchenfleisch

Hähnchenfleisch ist meine am zweithäufigsten verwendete Proteinquelle (nach Bohnen natürlich), und zwar aus drei Gründen: 1) Ich bin es einfach so gewohnt. 2) Es ist, zumindest hier in den Niederlanden, preisgünstig und leicht erhältlich. 3) Es schmeckt mir.

Joghurt

Für gesündere Saucen und Dips sowie nahrhafte Desserts und Frühstücksgerichte verwende ich gern griechischen Vollfettjoghurt. Darin kann man sogar Fleisch und Geflügel marinieren – eine unterschätzte und zu wenig genutzte Zutat, die meiner Meinung nach in jeden Kühlschrank gehört.

Knoblauch, Zwiebeln und andere Aromaten

Obwohl diese Zutaten eigentlich in die Kategorie frisches Gemüse gehören, führe ich sie getrennt auf, weil du mich garantiert nie ohne Knoblauch, Zwiebeln, frische Chilischoten und frischen Ingwer erwischen wirst. Sie stecken voller Aromen und bilden die Grundlage zahlreicher Gerichte, etwa von Currys, Guacamole, Pastasaucen, Salsa, Suppen, Wokgerichten und vielen mehr.

Reis

Reis gehört bei mir zu den Grundkohlenhydraten. Bleibt welcher übrig bei einem Essen, ergibt das einen köstlichen gebratenen Reis *(siehe z. B.* Gebratener Restereis, *S. 80)*.

Welche Art von Reis du verwendest, bleibt dir überlassen. Ich wähle für die meisten Gerichte einen Rundkorn-Sushireis, er ist meines Erachtens am vielseitigsten. Aber auch Basmati-, Natur- (bzw. brauner Reis) und Jasminreis kommen bei mir öfter zum Einsatz.

Säure

Säure ist ein Schlüsselelement ausgewogener Aromen. Am liebsten verwende ich frischen Zitronen- und Limettensaft, aber auch Essig darf bei mir nicht fehlen. Ob Reisessig, Apfelessig oder destillierter heller Essig – sie alle eignen sich zum Aufpeppen eines Gerichts.

Süßungs- und Würzmittel

Gewürze und Kräuter (getrocknet und frisch)

Die einfachste Möglichkeit, ein Gericht geschmacklich aufzupeppen, besteht im Hinzufügen von Kräutern und Gewürzen. Finde heraus, welche du am liebsten magst, und bestücke das Gewürzregal damit. Ich persönlich habe immer schwarzen Pfeffer, geräuchertes Paprikapulver, Knoblauchpulver, getrockneten Thymian, Zimtpulver und natürlich Salz im Haus. Apropos Salz: Ich verwende fast ausschließlich Meer- oder Steinsalz, weil es sich durch die gröberen Körner besser dosieren lässt. Manche Gerichte runde ich auch mit Meersalzflocken ab – auf Brownies ergeben sie einen einfach herrlich salzig-crunchigen Kontrast.

Auch frische Kräuter sind für mich unentbehrlich, ich streue sie gern kurz vor dem Servieren über das Gericht. Pasta, Saucen, Marinaden, ja sogar Nachos – alles Kandidaten für einen Hauch frisches Grün. Und Reste kannst du immer noch prima für Brühen verwenden, so kommt nichts um. Meine Lieblingskräuter sind Petersilie, Schnittlauch, Koriander und Basilikum.

Honig und Ahornsirup

In meiner Küche verwende ich beinahe ausschließlich flüssige Süßungsmittel statt gewöhnlichen raffinierten Haushaltszucker. Honig und Ahornsirup steuern neben der Süße auch noch einen irgendwie erdigen Geschmack bei und sind so vielseitig einsetzbar.

Sojasauce

Ich gestehe: Ich bin süchtig nach Sojasauce. Bei mir zu Hause finden sich zahlreiche verschiedene Sorten, die ich ALLE verwende. Investiere in eine große Flasche qualitativ hochwertiger Sojasauce und bewahre sie im Kühlschrank auf, wo sie ihr volles Aroma entfalten kann. Sie eignet sich fürs Kochen, für Marinaden, für Dressings und Saucen sowie generell als Umami-Spender.

Tortillas

Auch ohne diese Zutat komme ich nicht aus. Tortillas sind unverzichtbar, wenn man schnell etwas Leckeres auf den Tisch bringen muss, sie können ausgesprochen vielseitig eingesetzt werden. Allerdings muss ich zugeben, dass ich sie nicht selbst mache, sondern gekaufte verwende: die kleinen (15 cm Ø) für tacoähnliche Rezepte und die großen (30 cm Ø) für Wraps und Burritos.

GRUNDLEGENDE TECHNIKEN UND BEGRIFFE

In den Rezepten in diesem Buch tauchen immer wieder grundlegende Techniken und Begriffe auf, die ich dir vorab gern erläutern würde. Aber keine Sorge: Sie sind nicht kompliziert, du wirst sie mit etwas Übung im Handumdrehen erlernen!

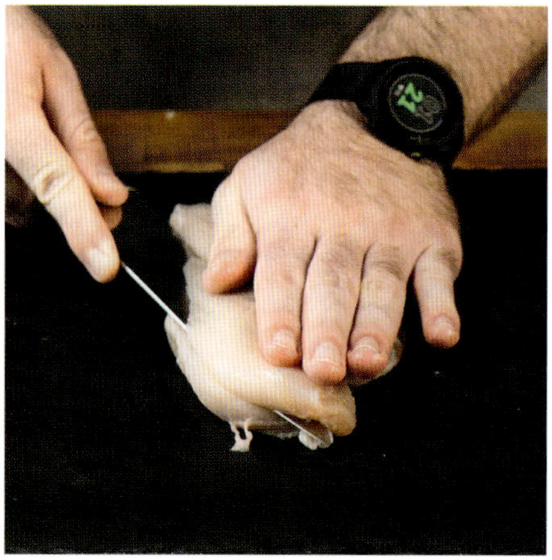

Schmetterlingsschnitt

Um dickere oder unregelmäßig dicke Fleischstücke wie Hähnchenbrustfilets oder Schweinekoteletts gleichmäßig zu garen, empfiehlt es sich, das Fleisch im Schmetterlingsschnitt vorzubereiten. Dabei wird in der Mitte ein waagerechter Schnitt gesetzt, das Fleisch aber nicht durchgeschnitten, sodass es wie ein Buch aufgeklappt werden kann und dünner ist.

Andünsten, bis es zu duften beginnt

Wenn es beim Andünsten von aromareichen Zutaten (sogenannten Aromaten) wie Chili, Knoblauch, Zwiebeln und Gewürzen in der Küche zu duften beginnt, ist dies im Allgemeinen ein guter Indikator dafür, dass sie fertig angedünstet und bereit für den nächsten Zubereitungsschritt sind.

Quer zur Faser schneiden

»Faser« bezieht sich natürlich auf die Muskelfasern im Fleisch. Letzteres sollte immer quer zur Faser geschnitten werden – die Fasern sollten also durchgeschnitten und in ihrer Länge gekürzt werden –, weil das fertige Produkt so zarter wird.

Ablöschen

Beim Ablöschen wird nach dem Anbraten von Fleisch oder Gemüse Flüssigkeit mit dem Pfannen- oder Topfinhalt verrührt, um den Bratensatz – die gebräunten, karamellisierten Teile am Boden – zu lösen (*siehe* Fond, *S. 21*). Sie enthalten köstliche Aromen, die unbedingt ins Gericht oder die Sauce integriert werden sollten.

Fein/grob hacken

Beim Hacken von beispielsweise Zwiebeln sollte man sich je nach Weiterverarbeitung für eine bestimmte Größe entscheiden und die Zutat möglichst gleichmäßig hacken – nur so gart sie auch gleichmäßig. Die Kräuter für Dips und Saucen sowie zum Garnieren hacke ich normalerweise sehr fein. Verwende ich sie hingegen für Suppen und dergleichen, hacke ich sie eher grob.

Einen Burrito falten

Wer Burritos richtig falten kann, ist natürlich auf dem Weg dazu, ein echt cooler Koch zu werden – warum, muss ich wahrscheinlich nicht erklären. Ich sage nur noch: Übung macht den Meister!

Eine Tortilla auf der Arbeitsfläche ausbreiten.

Die Füllung knapp unterhalb der Mittellinie platzieren, dabei etwas Rand freilassen.

Die Seiten über die Füllung schlagen und den unteren Rand der Tortilla mit den Daumen nach oben klappen.

Die restlichen Ränder einschlagen und den Burrito fest aufrollen.

Fond

Unter Fond versteht man den gebräunten, karamellisierten Saft, der nach dem Anbraten von Fleisch oder Gemüse in der Pfanne oder im Topf zurückbleibt. Er steckt voller Aromen und sollte nie entsorgt werden.

Einreduzieren

Beim Einreduzieren lässt man den Pfannen- oder Topfinhalt so lange köcheln, bis ein Teil der Flüssigkeit verdampft und diese eine dickere Konsistenz mit konzentrierteren Aromen angenommen hat.

Nudelwasser salzen

Viele Küchenchef*innen und Internet-Kochexpert*innen empfehlen, Nudelwasser so lange zu salzen, bis es »nach Meer schmeckt«. Ich will natürlich nicht so tun, als wüsste ich mehr als sie, doch finde ich diese Anweisung recht vage – sie kann leicht dazu führen, dass man das Kochwasser unnötig übersalzt. Ich folge einer ganz einfachen Regel und verwende für 450 Gramm rohe Nudeln 1 Esslöffel (10 g) Meer- oder Steinsalz. Je nachdem wie viel Salz die restlichen Zutaten enthalten, kannst du auch mehr oder weniger nehmen.

Sautieren

Beim Sautieren wird das Gargut bei höherer Temperatur unter Rühren rasch und in wenig Öl angebraten.

Unter Rühren scharf anbraten

Diese Variante des Sautierens geht noch schneller und ist intensiver. Das scharfe Anbraten unter Rühren ist definitiv meine bevorzugte Technik.

OFENTEMPERATUREN

Die in den Rezepten dieses Buchs genannten Backofentemperaturen beziehen sich auf die Heizmethode Ober-/Unterhitze.

GRUNDREZEPTE

Die folgenden Rezepte bilden gewissermaßen das Fundament deiner Kochkompetenz – diese grundlegenden Techniken sollte jeder Koch beherrschen. Da sie immer wieder in diesem Buch auftauchen, lohnt es sich, sich gleich zu Anfang mit ihnen zu beschäftigen.

EIER KOCHEN LEICHT GEMACHT

Für 4 Eier

Das gekochte Ei – ein bescheidenes Wesen. Es ist längst nicht so glamourös wie seine Freunde, das pochierte Ei und das Omelett, aber immer da, wenn man es braucht. Gekochte Eier sind ebenso simpel und praktisch wie köstlich und vielseitig. Und hier erfährst du, wie man sie von weich bis hart gekocht hinbekommt.

ZUTATEN

4 Eier (Größe L)

Einen großen Topf mit so viel Wasser füllen, dass die Eier später vollständig davon bedeckt sind. Das Wasser bei hoher Temperatur zum Kochen bringen. Sobald es kocht, die Hitze auf mittlere Temperatur reduzieren und das Wasser weiterköcheln lassen.

Die Eier mithilfe eines Spinnensiebs oder eines großen Löffels vorsichtig ins Wasser geben und je nach gewünschter Konsistenz 5 bis 12 Minuten darin kochen (5 Minuten = flüssig, 6 Minuten = weich [so mag ich die Eier am liebsten], 8 Minuten = wachsweich, 12 Minuten = hart gekocht).

In der Zwischenzeit eine große Schüssel mit Eiswürfeln und Wasser füllen.

Die Eier nach dem Kochen sofort in das Eisbad geben und 2 bis 3 Minuten darin abkühlen lassen. Das unterbricht den Garprozess, wodurch sich die Eier leichter pellen lassen.

Tipp: *Noch leichter pellen lassen sich die Eier unter fließendem kaltem Wasser.*

GEMÜSEBRÜHE AUS RESTEN

Für ca. 2,8 Liter

Ich gebe zu, dass ich mich oft schwertue, Standardzutaten selbst zu machen, weil es einfach praktischer ist, sie fertig zu kaufen. Im Fall dieser selbst gemachten Brühe jedoch hat mich der umwerfende Geschmack sofort überzeugt. Dafür musst du nur Gemüsereste (auch Schalen) beim Kochen sammeln und sie in einem Zipbeutel einfrieren. Sehr gut geeignet sind die Reste und Schalen von Kartoffeln, Karotten, Spargel und Zwiebeln sowie die Stängel frischer Kräuter, Brokkolistiele und »entkörnte« Maiskolben. Nicht geeignet sind hingegen sehr kräftige Gemüsesorten wie Rosenkohl oder Rüben, sie sind geschmacklich einfach zu dominant. So ergibt ein Beutel voller »Abfall« die allerköstlichste Brühe, die du für Suppen, Saucen, Schmorfleischgerichte und alles andere, das eine aromatische Flüssigkeit braucht, verwenden kannst. Ist das nicht cool? Komm schon – gib zu, dass es cool ist!

ZUTATEN

- 1 großer Zipbeutel mit Gemüseresten
- 1 Zwiebel, abgezogen und halbiert
- 1 Knoblauchknolle, waagerecht halbiert, sodass die Zehen sichtbar werden
- 1 Stange Sellerie, gehackt
- 1 kleines Bund frischer Thymian (optional)
- Meer- oder Steinsalz

Die Gemüsereste aus dem Beutel in einen großen Suppentopf geben und Zwiebel, Knoblauch, Sellerie sowie Thymian hinzufügen. Mit Wasser bedecken und dieses bei mittlerer bis hoher Temperatur zum Kochen bringen. Sobald das Wasser kocht, die Hitze auf niedrige Temperatur reduzieren und die Brühe mit halb aufgelegtem Deckel etwa 30 Minuten köcheln lassen. Mit Salz würzen.

Die Brühe durch ein feinmaschiges Sieb abgießen, die festen Bestandteile entsorgen. Die Brühe entweder sofort verwenden oder für später aufbewahren. In einem luftdicht verschlossenen Behälter hält sie sich im Kühlschrank bis zu 5 Tage und im Gefrierfach bis zu 4 Monate.

EINGELEGTES GEMÜSE

Für ca. 1 Glas à 960 Milliliter

Ich dachte früher immer, das Einlegen von Gemüse sei ein hochkomplexer Prozess, der so viel Präzision erfordere, dass ich ihn nie und nimmer hinbekommen würde. Und dann fand ich heraus … dass es eigentlich kinderleicht ist. Das Erste, das ich einlegte, waren rote Zwiebeln, und diese sind auch heute noch unverzichtbarer Bestandteil meiner Alltagsküche. Hier also ein Rezept fürs Einlegen mit minimalem Aufwand, bei dem sich das Eingelegte monatelang im Kühlschrank hält.

ZUTATEN ZUM EINLEGEN

- rote Zwiebeln, abgezogen und in feine Scheiben geschnitten
- Karotten, in kleine bis mittelgroße Stifte geschnitten
- grüne Bohnen, geputzt
- frische rote Chilischoten, in Ringe geschnitten
- Salatgurke, in Scheiben geschnitten

ZUTATEN FÜR ZUSÄTZLICHE AROMEN (OPTIONAL)

- Knoblauchzehen, abgezogen
- frische Kräuter, z. B. Thymian oder Rosmarin
- schwarze Pfefferkörner
- Senfkörner
- Chiliflocken

Für das Eingelegte das gewünschte Gemüse, beispielsweise die roten Zwiebeln, vorbereiten und in ein Einweckglas mit 960 Milliliter Fassungsvermögen geben. Dabei darauf achten, dass die Zwiebeln nur locker ins Glas gefüllt sind und dass das Glas nicht ganz voll ist.

Für zusätzliche Aromen diese ebenfalls in das Glas geben. Ich verwende meist noch 2 bis 3 Knoblauchzehen und einige Zweige Thymian, aber das ist ganz dir überlassen.

Für die Lake 200 Milliliter Essig, 250 Milliliter Wasser und 1 großzügige Prise Salz in einen kleinen Stieltopf geben und bei hoher Temperatur zum Kochen bringen. Sobald die Mischung kocht, den Herd ausschalten und die Flüssigkeit über die Zutaten im Glas gießen; diese sollten vollständig bedeckt sein. Unverschlossen auf Zimmertemperatur abkühlen lassen, anschließend das Glas verschließen und in den Kühlschrank stellen. Dort hält sich das Eingelegte mehrere Monate – zumindest theoretisch, denn praktisch ist es so lecker, dass es bestimmt nicht so lange stehen bleibt.

UNKOMPLIZIERTE HÄHNCHENBRUST

Für 2 Hähnchenbrüste

Hähnchenbrust hat einen schlechten Ruf – zu fad und trocken sei sie, sagt man. Wobei »man« hauptsächlich Leute sind, die Hähnchenbrust nicht zubereiten können. Diese Hähnchenbrust ist saftig und aromatisch und steht in weniger als 10 Minuten auf dem Tisch!

Die Hähnchenbrustfilets waschen und mit Küchenpapier trocken tupfen. Anschließend mit einem scharfen Messer kreuzweise einschneiden, bis etwa halb durch das Fleisch. Dadurch ergibt sich einerseits mehr Fläche zum Würzen, und andererseits gart das Fleisch dann schneller und gleichmäßiger.

Die Hähnchenbrustfilets großzügig mit Salz und Pfeffer würzen und die Gewürze gründlich in alle Ritzen reiben.

Eine große Pfanne bei mittlerer bis hoher Temperatur erhitzen und so viel Öl hineingeben, dass dieses den Boden der Pfanne bedeckt. Ist das Öl heiß, das Fleisch mit der eingeschnittenen Seite nach unten in die Pfanne legen und 3 bis 4 Minuten braten, bis es bräunt. Wenden und 3 bis 4 Minuten weiterbraten, bis es auch auf der anderen Seite gut gebräunt ist. Auf einem Teller 2 bis 3 Minuten abkühlen lassen und genießen!

ZUTATEN

- 2 Hähnchenbrustfilets
- Meer- oder Steinsalz
- frisch gemahlener schwarzer Pfeffer
- Pflanzenöl zum Braten

JOGHURTSAUCE UND -DIP MIT KRÄUTERN

Für 4 Portionen

Da dir in meinen Rezepten Varianten davon immer wieder begegnen werden, dachte ich, ich stelle sie an dieser Stelle mal formell vor: selbst gemachte Dips und Saucen auf Joghurtbasis. Sie enthalten viel mehr Nährstoffe als ihre fertig gekauften Verwandten, und obendrein schmecken sie auch noch besser. Die Joghurtsauce hier verwende ich für pochierte Eier, als Brotaufstrich und am häufigsten als Dip für Snacks.

Joghurt, Kräuter, Knoblauch und Zitronensaft in eine mittelgroße Schüssel geben und gründlich verrühren. Übrig gebliebene Sauce bzw. übrig gebliebener Dip hält sich in einem luftdicht verschlossenen Behälter im Kühlschrank bis zu 5 Tage.

ZUTATEN

- 120 g griechischer Joghurt (Vollfettstufe)
- 1 Handvoll frische Kräuter, fein gehackt, z. B. Petersilie, Schnittlauch, Koriander
- 1 Knoblauchzehe, abgezogen und fein gehackt
- Saft von ½ Zitrone

STETS PERFEKTER REIS

Für 2 Portionen

Bestimmt erinnerst du dich daran, dass ich dir die Anschaffung eines Reiskochers empfohlen habe. Wenn du jedoch keinen hast, ist das nicht schlimm, denn mit diesem Rezept gelingt Reis auch in einem ganz normalen Topf. Im Reiskocher geht's trotzdem leichter …

Der erste Zubereitungsschritt ist sehr wichtig, lass ihn also nicht aus! Den Reis in ein feinmaschiges Sieb geben und unter fließendem kaltem Wasser 1 Minute waschen, bis alle Reiskörner gründlich abgespült sind. Nur so wird der Reis später locker und luftig.

Den gewaschenen Reis mit 360 Milliliter kaltem Wasser und dem Salz in einen mittelgroßen Topf geben und das Wasser bei hoher Temperatur zum Kochen bringen. Sobald es kocht, die Hitze auf niedrigste Temperatur reduzieren und den Reis zugedeckt 10 Minuten köcheln lassen. Dabei den Deckel nicht anheben!

Den Topf vom Herd nehmen und den Reis zugedeckt je nach Geduld weitere 5 bis 10 Minuten quellen lassen.

Mit einer Gabel auflockern und perfekten Reis genießen!

ZUTATEN

- 200 g weißer Reis, z. B. Basmati- oder Sushireis
- 1 Prise Meer- oder Steinsalz

NOW LET'S

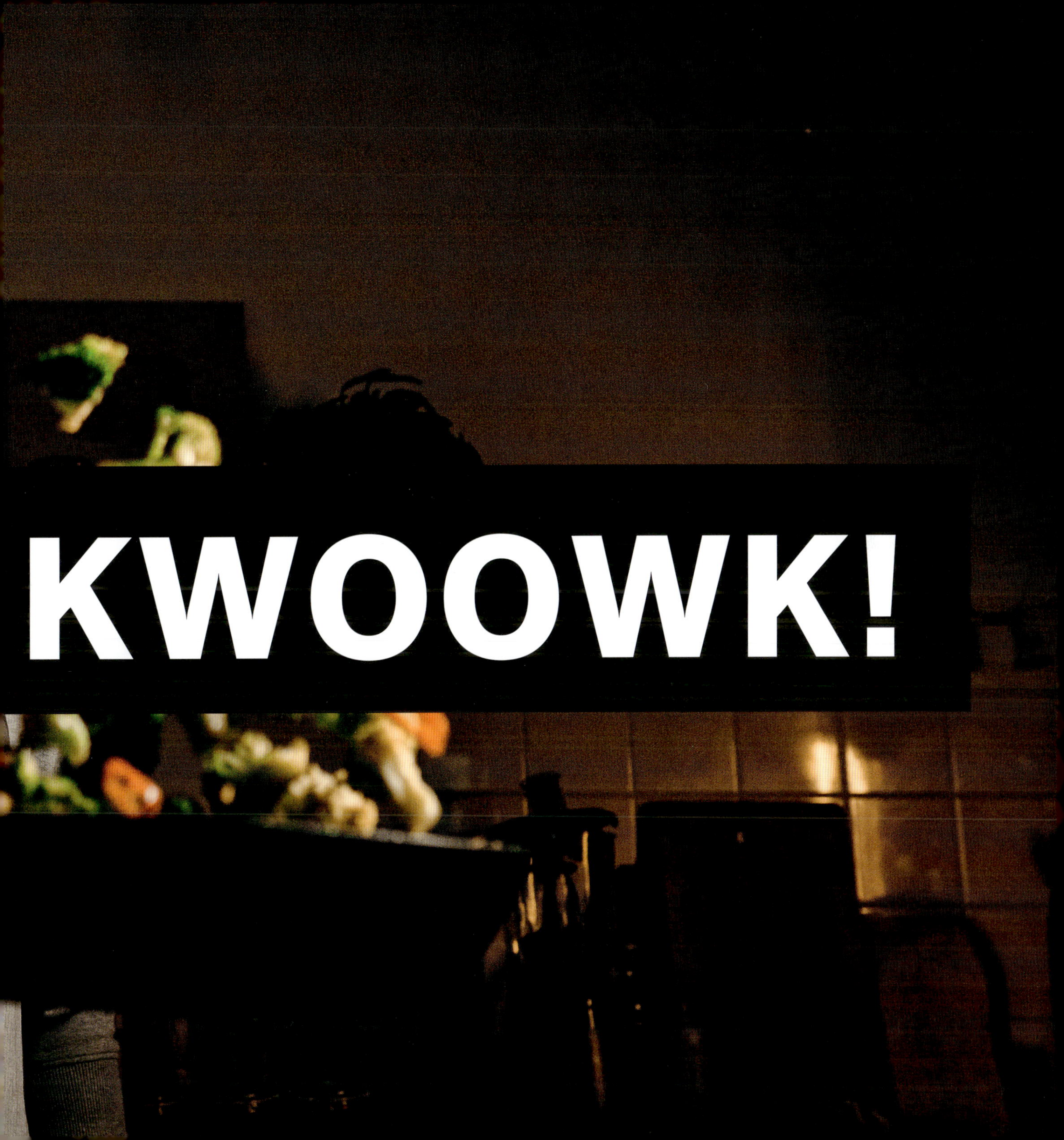
KWOOWK!

Kapitel 2

FRÜHSTÜCKSZEIT

Ich halte mich selbst für einen fortgeschrittenen Frühstücker und bin diesbezüglich auch ziemlich dogmatisch. Die folgenden Rezepte rangieren ganz oben auf meiner Frühstücksliste.

KINDERLEICHTES FRÜHSTÜCK

Avocadotoast de luxe 32

Baked Oats mit Erdnussbutter und Bananen 35

(Irgendwie auch) gesunde Bananen-Pancakes 36

Kartoffelpfanne für Solofrühstücker 38

Power-Smoothie 41

Dreierlei Smoothie Bowls 42

FRÜHSTÜCK AUS ALLER WELT

Schweizer Bircher-Müsli 44

Nahöstliches Shakshuka 47

EI-NZIGARTIGE FRÜHSTÜCKSGERICHTE

Omelett mit allem 48

Frühstückstacos mit Bacon, Avocado und Ei 51

Mein Spezial-Shakshuka 52

Tipp: *Bei den meisten Avocadotoastrezepten wird die Avocado einfach mit einer Gabel zerdrückt und mit Limettensaft und Salz verrührt. Ich habe Respekt vor Schlichtheit, mich hier aber für den interessanteren Weg irgendwo zwischen Avocadosalat und Guacamole entschieden.*

AVOCADOTOAST DE LUXE

Für 1 Portion

Der schlichte Akt des Belegens eines Toasts mit Avocadoscheiben ist zum Inbegriff der Hipsterküche geworden. Manchmal gibt es einfach nichts Besseres, als den Tag mit der fetten Köstlichkeit der birnenförmigen Frucht zu beginnen. Dazu geröstetes Sauerteigbrot und ein herrlich weiches Ei, und ich bin bereit, 20 Euro dafür hinzublättern. Scherz – das bekommen wir zu Hause deutlich günstiger hin! Das Rezept ergibt 2 Scheiben, die ich zwar allein vertilge, die aber auch mit dem oder der Liebsten geteilt werden können.

ZUTATEN

- 2 Scheiben Sauerteigbrot
- Olivenöl zum Beträufeln
- 1 reife Avocado, gewürfelt *(siehe Tipp unten)*
- 1 Tomate, gewürfelt
- ½ Schalotte, abgezogen und fein gewürfelt
- 1 Knoblauchzehe, abgezogen und fein gehackt
- abgeriebene Schale und Saft von ½ Bio-Limette
- 1 kleines Bund frischer Dill, fein gehackt
- 1 kleines Bund frischer Schnittlauch, fein gehackt
- 1½ TL Tahini
- Meer- oder Steinsalz
- 2 weich gekochte Eier (Größe L; *siehe* Eier kochen leicht gemacht, *S. 22*)

Die Brotscheiben auf beiden Seiten großzügig mit Olivenöl beträufeln. Eine entsprechend große Pfanne bei mittlerer bis hoher Temperatur erhitzen und die Brotscheiben darin in rund 4 Minuten pro Seite goldbraun rösten.

Avocadowürfel, Tomatenwürfel, Schalotte, Knoblauch, Limettenschale und Limettensaft sowie Kräuter und Tahini in eine große Schüssel geben und mit einer Gabel vermengen – so, wie man Eier verquirlen würde. Dadurch verbinden sich Teile des Avocadofruchtfleischs mit dem Tahini und dem Limettensaft zu einer cremig-stückigen Konsistenz. Die Mischung mit Salz würzen und auf den Brotscheiben verteilen.

Jede Scheibe mit einem halbierten weich gekochten Ei belegen (pochiert wird überbewertet). Die Eigelbe mit Salz bestreuen und die Toasts servieren.

Tipp: *Zum Würfeln des Avocadofruchtfleischs die Avocado längs um den Stein herum aufschneiden und die Hälften gegeneinanderdrehen, um die Avocado zu öffnen. Den Stein vorsichtig entfernen. Das Fruchtfleisch kreuz und quer in Würfel schneiden, ohne dabei durch die Schale zu schneiden. Die Fruchtfleischwürfel schließlich mit einem Löffel herausheben.*

BAKED OATS MIT ERDNUSSBUTTER UND BANANEN

Für 4 Portionen

Ich möchte jetzt nicht allzu melodramatisch werden, aber dieses Rezept hat mein Leben verändert. Ich habe einmal so viele Haferflocken gegessen, dass mein Blut bestimmt zu einem Prozent aus Hafermilch bestand! Dann entdeckte ich dieses Rezept – und alles war mit einem Mal anders. Die Baked Oats erinnern an Bananenbrot, sind aber gesünder und schmecken besser. Sie zergehen auf der Zunge und haben genau den richtigen Grad an Süße sowie den perfekten Crunch. Zudem lassen sie sich wunderbar vorbereiten (in nur einer Auflaufform) und ergeben so ein köstliches schnelles Frühstück!

ZUTATEN

- 1 reife Banane + ½ (optional)
- 1 Ei (Größe L)
- 180 ml Pflanzendrink nach Wahl
- 1 EL Erdnussbutter
- 1 EL griechischer Joghurt + etwas mehr zum Garnieren
- 1½ TL Honig
- 80 g kernige Haferflocken
- 1 TL Zimtpulver
- 1 TL Backpulver
- ½ TL Meer- oder Steinsalz
- 1 Handvoll gehackte Walnusskerne
- 1 Handvoll getrocknete Cranberrys

Den Backofen auf 180 °C (Gas Stufe 2–3) vorheizen.

1 Banane schälen und in einer Auflaufform (23 x 33 cm) mit einem Kartoffelstampfer oder einer Gabel zerdrücken.

Ei, Pflanzendrink, Erdnussbutter, Joghurt und Honig dazugeben. So lange verrühren, bis sich das Ei mit den restlichen Zutaten verbunden hat.

Nun Haferflocken, Zimtpulver, Backpulver und Salz hinzufügen. Alles gründlich verrühren. Die Mischung soll eine … sagen wir schlabberige Konsistenz haben.

Der nächste Schritt ist dir überlassen: Gib zur Mischung, was immer du möchtest. Ich empfehle ein paar gehackte Walnüsse für den Crunch und getrocknete Cranberrys für das gewisse Extra.

Die restliche ½ Banane schälen, in Scheiben schneiden und auf den Oats verteilen.

Die Oats 40 Minuten im Ofen backen, bis sie oben braun und knusprig, innen aber noch feucht sind.

Noch warm mit einem Klecks Joghurt genießen oder in einem luftdicht verschlossenen Behälter kühl stellen. So halten sie sich 2 bis 3 Tage. Dann einfach etwa 1 Minute auf mittlerer bis hoher Stufe in der Mikrowelle aufwärmen.

(IRGENDWIE AUCH) GESUNDE BANANEN-PANCAKES

Für 1–2 Portionen

Sag es bitte nicht weiter, aber: Ich finde Pancakes total überbewertet – bzw. fand das, bis ich dieses Rezept ausprobierte. Die Bananen heben die Pfannkuchen auf ein neues und viel aufregenderes Niveau. Diese nahrhaften und leicht zuzubereitenden Pancakes sind fluffig und feucht und haben vielfältige Geschmacksdimensionen zu bieten – weshalb sie auch deinem faulen Sonntagvormittag eine ganz neue Dimension verleihen werden. Da reife Bananen eigenen Zucker mitbringen, müssen wir nur noch eine kleine Menge braunen Zucker dazugeben, um die Pancakes perfekt zu machen. Am besten schmecken sie mit Joghurt, Bananenscheiben und etwas Ahornsirup obendrauf.

Die Bananen schälen und in einer großen Schüssel mit einem Kartoffelstampfer, einer Gabel oder einem Löffel zerdrücken. Die Masse darf ruhig noch ein paar Stücke enthalten.

Ei, Milch, Joghurt und Vanilleextrakt dazugeben und gründlich mit den Bananen verrühren.

Mehl, Zucker, Backpulver, Zimt und Salz hinzufügen und mit einem Spatel kurz unterrühren. Ich habe es gern, wenn der Teig etwas stückiger ist, weshalb ich empfehle, nicht zu viel zu rühren.

Eine große Pfanne bei mittlerer Temperatur erhitzen und etwa 1 Esslöffel Butter darin zerlassen. Den Teig portionsweise in die heiße Pfanne geben, er ergibt insgesamt 6 bis 8 Pfannkuchen. Je nach Größe der Teigportion die Pancakes in 1½ Minuten pro Seite goldbraun ausbacken. Zwischendurch die Temperatur immer wieder anpassen und bei Bedarf Butter dazugeben. Die Bananen-Pancakes warm mit Toppings nach Belieben genießen!

ZUTATEN

2 sehr reife Bananen

Tipp: *Sind deine Bananen noch nicht reif, kannst du sie geschält für 15 Minuten in den 180 °C (Gas Stufe 2–3) heißen Ofen stecken, bis sie schwarz werden. So schmecken sie in jedem gebackenen Gericht.*

1 Ei (Größe L)

180 ml Milch

2 EL griechischer Joghurt

1 Spritzer Vanilleextrakt

120 g Mehl

1 EL dunkler brauner Zucker

2 TL Backpulver

1 TL Zimtpulver

½ TL Meer- oder Steinsalz

Butter zum Ausbacken

KARTOFFELPFANNE FÜR SOLOFRÜHSTÜCKER

Für 1 Portion

Manchmal wache ich am Wochenende auf und will mir spontan etwas Gutes tun. (Für alle, die auch anderen etwas Gutes tun wollen: Das Rezept lässt sich bei gleicher Garzeit leicht verdoppeln.) Wenn dir der Gedanke an warmes Eigelb, das über knusprigen Bacon und mit Käse verfeinerte Kartoffeln rinnt, gefällt, ist das dein Rezept. Bitte – gern geschehen!

Den Bacon in eine mittelgroße Pfanne legen und die Pfanne anschließend bei mittlerer bis hoher Temperatur erhitzen. Den Bacon 4 bis 5 Minuten braten, bis er knusprig und das Fett ausgelassen ist. Mit einem Schaumlöffel zum Abtropfen auf Küchenpapier geben, das Baconfett in der Pfanne lassen.

Die Zwiebel in die Pfanne geben und in etwa 5 Minuten weich dünsten. Kartoffeln und Chili dazugeben.

Alles unter Rühren 1 Minute braten, dann mit 1 Spritzer Wasser ablöschen. Die Mischung zugedeckt rund 10 Minuten garen, dabei alle 2 Minuten umrühren, damit sie gleichmäßig gart und die Kartoffeln am Ende außen knusprig und innen weich sind (genau wie ich!).

Mit Salz und Pfeffer würzen (Achtung, der Bacon ist schon salzig!) und den Salbei sowie den Bacon unterrühren.

Mit dem Rücken eines großen Holzlöffels oder einem Spatel zwei Mulden in den Kartoffeln formen. In jede Mulde 1 Ei schlagen, wenn möglich ohne dass das Eigelb dabei kaputtgeht. Die Eier mit Salz und das ganze Gericht mit Käse bestreuen. 1 weiteren Spritzer Wasser hinzufügen und die Eier zugedeckt je nach Vorliebe 4 bis 7 Minuten garen. Ich mag sie am liebsten mit festem Eiweiß und flüssigem Eigelb.

Mit Frühlingszwiebelringen bestreuen und direkt aus der Pfanne genießen, denn dieses Frühstück ist so köstlich, dass man nicht länger warten sollte.

ZUTATEN

- 100 g Bacon, in mundgerechte Stücke geschnitten
- ½ Zwiebel oder Gemüsezwiebel, abgezogen und fein gewürfelt
- 3–4 kleine rotschalige Kartoffeln, in kleine Würfel geschnitten
- 2 frische Jalapeño-Chilischoten, entkernt und in Ringe geschnitten
- Meer- oder Steinsalz
- schwarzer Pfeffer, frisch gemahlen
- frische Salbeiblätter, fein gehackt, zum Garnieren
- 2 Eier (Größe L)
- 1 Handvoll geriebener Cheddar oder Gouda
- 1 Frühlingszwiebel, mit grünem Teil in feine Ringe geschnitten

POWER-SMOOTHIE

Für 1 Portion

Eigentlich mag ich es nicht, wenn einem Rezeptnamen der Zusatz »Power« vorangestellt wird, um zu suggerieren, das Gericht hätte irgendwelche Superkräfte, weil es exotisch klingende »Gesundheitspülverchen« enthält. Das ist reines Marketing.

Davon mal abgesehen scheint mir dieser Smoothie nach einer Nacht mit einem Cocktail zu viel (wofür ich mich übrigens nicht entschuldige) tatsächlich neue Kraft zu verleihen – oder meinen Körper zumindest daran zu erinnern, wo er sie sich holen kann. Dabei ist er nichts Besonderes: Ich habe ihn lediglich mit allen möglichen Mikro- und Makronährstoffen, Elektrolyten zur Hydrierung und köstlichen Aromen zur moralischen Unterstützung vollgestopft. Und natürlich kannst du den Smoothie noch mit eigenen Zutaten ganz nach Geschmack und aktuellem Bedürfnis aufpeppen, sei es mit Sellerie, gefrorenen Beeren, griechischem Joghurt, Erdnussbutter, Haferflocken oder Kakaopulver.

ZUTATEN

- 1 Banane
- 1 kleine Scheibe frischer Ingwer
- 1 große Handvoll frischer Spinat
- 140 g gefrorene Ananasstücke
- 1 Handvoll Mandeln oder Cashewkerne
- 240 ml Kokoswasser
- einige frische Minzblätter

Alle Zutaten in den Mixer geben und … äh … mixen. Die Flüssigkeitsmenge kann je nach Geschmack angepasst werden: Mit 120 Milliliter Kokoswasser beginnen und dann je nach gewünschter Konsistenz weiteres Wasser dazugeben.

Tipp: *Aus diesem Smoothie wird eine Smoothie-Bowl, wenn weniger Flüssigkeit verwendet wird und so eine festere Konsistenz entsteht. In eine Schale geben und mit Lieblings-Toppings wie Bananenscheiben, gehackten Nüssen, frischen Heidelbeeren oder Haferflocken garnieren.*

DREIERLEI SMOOTHIE-BOWLS

Für je 1 Portion

Instagram hat dem Wort »Smoothie« auf ewig eine neue Bedeutung verliehen. Was einst eine bescheidene Mischung nährstoffreicher Frühstückszutaten war, ist zum festen Bestandteil des Ästhetik-Feeds eines jeden überteuerten Brunchrestaurants geworden. Preiswerter kann man das Ganze selbst machen, denn, Glamourspeise hin oder her, Smoothie-Bowls dürfen meiner Meinung nach tatsächlich in keinem Frühstücksrepertoire fehlen. Außerdem bestimmst du hier selbst, was reinkommt.

Die Smoothie-Basis ist erst der Anfang; ich friere dafür gern übrig gebliebene Bananenscheiben ein. Und was die Toppings angeht, die aus dem Smoothie eine Smoothie-Bowl machen, sind die Kombimöglichkeiten dann schier endlos. Die drei Variationen hier gehören zu meinen Lieblingsrezepten, die du selbstverständlich abwandeln kannst – ganz nach Lust und Laune.

Für alle Smoothie-Bowls braucht man die gleiche kinderleichte Basis, aber kein Eis. Für die Smoothie-Basis also Bananenscheiben, Flüssigkeit und Joghurt in den Mixer geben und glatt mixen; der Joghurt liefert das Plus an Nährwert und Cremigkeit.

Tipp: *Auf dieser Basis kannst du deine eigenen Smoothie-Bowl-Kreationen zaubern, indem du z. B. Obst oder Gemüse, Getreide, Nüsse, Süßungsmittel und zusätzliche Flüssigkeit hinzufügst, um in der Konsistenz zu variieren. Dann die Lieblings-Toppings drauf – und fertig!*

Für die Grüne Smoothie-Bowl die Smoothie-Basis zubereiten. Spinat und Avocado untermixen. Den Smoothie in eine Schale gießen. Mit Honig beträufeln, mit Chiasamen bestreuen, mit Kiwischeiben belegen und servieren.

ZUTATEN FÜR DIE SMOOTHIE-BASIS

- 1 gefrorene Banane, in Scheiben geschnitten
- 120 ml Flüssigkeit, z.B. Pflanzendrink, Fruchtsaft, Kokosmilch; ich nehme gern Kokosmilch, weil sie so schön cremig ist
- 1 EL griechischer Joghurt (optional)

ZUTATEN FÜR DIE GRÜNE SMOOTHIE-BOWL

- 30 g frische Spinatblätter
- ½ Avocado, entsteint
- 1 EL Honig
- 1 TL Chiasamen
- 1 Kiwi, geschält und in Scheiben geschnitten

ZUTATEN FÜR DIE ERDNUSSBUTTER-SCHOKO-SMOOTHIE-BOWL

- 1 EL Kakaopulver
- 1 EL Erdnussbutter + etwas mehr zum Garnieren
- 1 EL Ahornsirup
- 1 EL kernige oder blütenzarte Haferflocken
- ½ Banane, in Scheiben geschnitten
- 1 EL geraspelte dunkle Schokolade

ZUTATEN FÜR DIE KAROTTEN-KUCHEN-SMOOTHIE-BOWL

- 55 g geraspelte Karotten
- 40 g kernige oder blütenzarte Haferflocken
- 120 ml Karottensaft
- 1 TL Ahornsirup
- 1 + ½ TL Zimtpulver
- 1 TL Muskatnuss, frisch gerieben
- 30 g gehackte Walnusskerne
- 20 g Kokosflocken

Für die Erdnussbutter-Schoko-Smoothie-Bowl die Smoothie-Basis zubereiten. Kakaopulver, Erdnussbutter und Ahornsirup hinzufügen und untermixen. Den Smoothie in eine Schale gießen. Mit Haferflocken bestreuen, mit Bananenscheiben belegen, mit Schokolade sowie Erdnussbutter garnieren und servieren.

Für die Karottenkuchen-Smoothie-Bowl die Smoothie-Basis zubereiten. Karotten, Haferflocken, Karottensaft, Ahornsirup, 1 Teelöffel Zimtpulver und Muskat hinzufügen und untermixen. Den Smoothie in eine Schale gießen. Mit Walnüssen sowie Kokosflocken bestreuen, mit dem restlichen Zimtpulver bestäuben und servieren.

Nun ein Foto machen, dieses auf Instagram posten und die Likes genießen. Alternativ die Smoothie-Bowl achtsam verzehren, ohne sich von der kleinen, aber feinen Dopaminausschüttung abhängig zu machen, die jede Instagram-Benachrichtigung mit sich bringt – been there!

SCHWEIZER BIRCHER-MÜSLI

Für 1 Portion

Vor über 150 Jahren erfand Dr. Bircher-Benner, ein Schweizer Arzt, dieses Gericht und servierte es seinen Patienten im Rahmen einer gesunden und nährstoffreichen Kost. Was er damals nicht wusste, war, dass er damit die Welt des Frühstücks für immer verändern sollte, auch meine. Bei mir kommt eine Variation dieses Müslis praktisch täglich auf den Tisch, denn es punktet mit einem hohen Nährwert und bietet die ideale Kombi aus Geschmack und Textur. Viele weichen die Haferflocken über Nacht ein, doch ich finde, dass auch 10 Minuten einweichen zu einem überaus köstlichen Ergebnis führen.

Für das Müsli Haferflocken, Milch, Apfelsaft, Apfel, Cranberrys, Erdnussbutter, Joghurt und 1 Teelöffel Honig in einer großen Schüssel gründlich vermengen. Auf die Reihenfolge der Zutaten kommt es dabei nicht so sehr an. Die Menge der Milch kann je nach gewünschter Konsistenz des Müslis variieren – die Haferflocken saugen viel Flüssigkeit auf. Und es können auch andere Zutaten untergerührt werden.

Das Müsli 5 bis 10 Minuten ziehen lassen, damit die Haferflocken ein wenig quellen können (bei mir reichen meist 5 Minuten).

In der Zwischenzeit für das Topping Mandeln und Zimt ohne Fett in eine kleine Pfanne geben; es können auch andere Nüsse wie z. B. gehackte Walnüsse oder Pekannüsse verwendet werden. Bei mittlerer Hitze unter ständigem Rühren 3 bis 4 Minuten rösten, bis die Mandeln zu duften beginnen und leicht bräunen. Die Pfanne vom Herd nehmen.

Das Müsli in eine Schale füllen und mit gerösteten Mandeln bestreut, mit Beeren garniert sowie mit Honig beträufelt servieren.

ZUTATEN FÜR DAS MÜSLI

- 40 g kernige Haferflocken
- 120 ml Milch nach Wahl; ich verwende gern Haferdrink
- 1 Spritzer Apfelsaft
- ½ Granny-Smith-Apfel, gerieben
- 1 Handvoll getrocknete Cranberrys
- 1 EL Erdnussbutter
- 1 EL griechischer Joghurt
- 1 TL Honig

ZUTATEN FÜR DAS TOPPING

- 1 großzügige Handvoll gehobelte Mandeln oder Mandelstifte
- 1 TL Zimtpulver
- gemischte frische Beeren; ich verwende gern Himbeeren, Heidelbeeren, Brombeeren oder alles zusammen
- Honig zum Beträufeln (optional)

NAHÖSTLICHES SHAKSHUKA

Für 2 Portionen

Shakshuka gehört zu jenen Frühstücksgerichten, die ich mir immer wieder zubereite. Und jedes Mal, wenn ich das tue, wird mir wieder bewusst, wie sehr ich es mag. Es macht aus jeder Zutat etwas Besonderes; hier wird Sauerteigbrot in ein pochiertes Ei getunkt, das von einer würzigen, von frischen Kräutern und Käse gekrönten Tomatensauce umgeben ist – Frühstücksperfektion par excellence! Woher dieses Gericht kommt, weiß man nicht genau, doch es ist in ganz Nordafrika weitverbreitet und im Nahen Osten sehr beliebt. Und jetzt steht es auch auf deinem Tisch.

Das Öl in eine große Pfanne geben, darin schwenken und bei mittlerer Temperatur erhitzen. Zwiebel- sowie Paprikawürfel unter gelegentlichem Rühren 5 bis 6 Minuten darin dünsten, bis die Zwiebel glasig und die Paprika weich ist. Chiliringe, Knoblauch, Kreuzkümmelsamen, Paprikapulver und Chilipulver dazugeben. (Ich salze das Ganze erst später, um den Salzgehalt im fertigen Gericht besser kontrollieren zu können.) Alles einige Minuten sautieren, bis sich die Aromen verbinden.

Die Tomaten in die Pfanne geben und unter Rühren 3 bis 4 Minuten mitgaren. Mit Salz würzen.

Mit dem Rücken eines großen Holzlöffels oder einem Spatel drei bis vier kleine Mulden in der Sauce formen. In jede Mulde vorsichtig 1 Ei schlagen, wenn möglich ohne dass das Eigelb dabei kaputtgeht (auf einer flachen Oberfläche aufschlagen). Zugedeckt 5 bis 7 Minuten weitergaren; das Eiweiß sollte fest, die Eigelbe aber noch flüssig sein.

Den Herd ausschalten und das Shakshuka mit zerkrümeltem Feta und gehackter Petersilie bestreuen. Zum Aufnehmen der Eier und der köstlichen Sauce Sauerteigbrot dazu servieren.

ZUTATEN

- 1 EL Olivenöl
- 1 Zwiebel, abgezogen und gewürfelt
- 1 rote Paprikaschote, entkernt und gewürfelt
- 1 frische grüne Chilischote, z. B. Serrano, entkernt und in Ringe geschnitten
- 2 Knoblauchzehen, abgezogen und zerdrückt
- 1 TL Kreuzkümmelsamen
- 1 TL Paprikapulver
- ½ TL Chilipulver
- 400 g stückige Tomaten aus der Dose
- Meer- oder Steinsalz
- 3–4 Eier (Größe L)
- Feta, zerkrümelt, zum Garnieren
- 1 Bund frische Petersilie, gehackt
- Sauerteigbrot zum Dazuservieren (optional)

OMELETT MIT ALLEM

Für 1 Portion

Das klassische Omelett ist so elegant wie schlicht, richtig zubereitet aber purer Luxus. Ich füge ihm gern noch ein paar Extras hinzu, des Geschmacks und des Nährwerts wegen – und weil es einfach Spaß macht. Für mich ist das Omelett eine leere Leinwand, die nur darauf wartet, mit aufregenden Zutaten meiner Wahl gestaltet zu werden. Dieses Rezept bietet eine tolle Möglichkeit, übrig gebliebenem Gemüse zu neuem Glanz zu verhelfen; sei dabei also so kreativ, wie du nur möchtest.

ZUTATEN

- 1 EL Olivenöl
- 55 g geräucherte Chorizo, in Würfel geschnitten
- 2 Frühlingszwiebeln, in Ringe geschnitten
- 1 Handvoll Champignons, in Scheiben geschnitten
- 2 Eier (Größe L)
- Meer- oder Steinsalz
- geriebener Gouda oder Cheddar
- ½ Avocado, entsteint und in Scheiben geschnitten
- Sauerrahm zum Garnieren
- frischer Koriander, gehackt

Eine kleine Pfanne bei mittlerer Temperatur erhitzen. Das Öl hineingeben und darin schwenken. Die Chorizo dazugeben und rund 4 Minuten braten, bis etwas Fett ausgelassen ist und die Chorizo knusprig aussieht. Die Frühlingszwiebelringe hinzufügen und höchstens 2 Minuten mitdünsten, bis sie zu duften beginnen. Die Pilze in die Pfanne geben – keine Angst, sie schrumpfen beim Garen zusammen – und 2 bis 3 Minuten braten.

Die Eier in einer kleinen Schüssel verquirlen und anschließend in die Pfanne gießen. Brutzeln sie zu laut, die Temperatur etwas reduzieren – Eier brauchen diesbezüglich viel Aufmerksamkeit und Fingerspitzengefühl. Sobald die Eier in der Pfanne sind, vorsichtig mit einem Gummispatel verrühren, damit sie nicht am Pfannenboden anhaften, sondern gleichmäßig garen (schließlich soll das Omelett ja nicht unten dunkelbraun und oben flüssig sein). Wird die Masse fest, nicht mehr rühren.

Mit Salz würzen und mit geriebenem Käse bestreuen. Die Hitze auf mittlere bis niedrige Temperatur reduzieren und das Omelett zugedeckt 1 Minute weitergaren, bis der Käse geschmolzen ist. Das Omelett anschließend auf einen Teller gleiten lassen.

Das Omelett mit Avocadoscheiben belegen, Sauerrahmkleckse darauf verteilen und mit frischem Koriander bestreuen.

FRÜHSTÜCKSTACOS MIT BACON, AVOCADO UND EI

Für 1 Portion

Einmal führte ich meine Freundin zum Sonntagsbrunch in ein tolles Café aus, das wir noch nicht kannten. Der Kaffee war super, die Leute cool, also dachte ich, dass das auf das Frühstück auch zutreffen würde. Wir hatten einen Bärenhunger und bestellten Frühstückstacos, die ich mir so vorstellte: herrlich weiche, hier und da gebräunte Maistortillas, cremige Rühreier, seidige Avocado und knuspriger Bacon. Pustekuchen! Was wir bekamen, war eine kalte Fertigtortilla mit einem totgegarten Ei darin. Ich war zu schüchtern, um mich zu beschweren, und mampfte deprimiert vor mich hin. Zu Hause aber schrieb ich das Rezept, wie ich es wollte – und weißt du was? So kosteten die Tacos auch nur einen Bruchteil dessen, was ich dafür im Café berappen musste.

ZUTATEN

- 1 Avocado, geschält, halbiert und entsteint
- Saft von ½ Limette
- Meer- oder Steinsalz
- 2 dicke Scheiben Bacon
- 1½ TL Butter
- 2 Eier (Größe L)
- 1 TL griechischer Joghurt
- 2 Maistortillas (10–15 cm Ø)
- Chiliflocken zum Bestreuen
- frischer Koriander, gehackt, zum Garnieren

Die Avocado in eine Schüssel geben und mit einer Gabel zerdrücken. Sie darf ruhig etwas stückig bleiben. Limettensaft unterrühren und mit Salz würzen.

Tipp: *Zur Zubereitung der Avocado siehe Tipp zum* Avocadotoast de luxe *auf Seite 32.*

Den Bacon in eine kalte Pfanne legen und die Pfanne bei mittlerer Temperatur erhitzen. Den Bacon in 3 bis 4 Minuten pro Seite knusprig auslassen. Auf ein Schneidbrett legen, das Baconfett dabei in der Pfanne lassen. Den Bacon in mundgerechte Stücke hacken.

Das Baconfett in der Pfanne bei mittlerer Temperatur noch einmal erhitzen. Die Butter dazugeben und zerlassen.

In einer Schüssel Eier und Joghurt verrühren. Die Mischung in die Pfanne gießen, die Hitze etwas reduzieren und die Eier unter kräftigem Rühren stocken lassen. Die Rühreier sollten weich und nur mit dem Löffel, nicht mit der Gabel essbar sein.

Kurz bevor die Eier gar sind, den Herd ausschalten und die Eier in eine Pfannenhälfte schieben. Dort garen sie mit der Restwärme noch ein wenig weiter.

Die Tortillas in einer zweiten Pfanne bei hoher Temperatur in 15 bis 20 Sekunden pro Seite erwärmen.

Nun die Tortillas füllen: Zuerst die Rühreier darin verteilen, dann die Avocadocreme daraufgeben. Zum Schluss mit Bacon, Chiliflocken und Koriander bestreuen.

MEIN SPEZIAL-SHAKSHUKA

Für 2 Portionen

Wer mich kennt (oder das *Nahöstliche Shakshuka* auf Seite 47 ausprobiert hat), weiß, dass mir dieses Gericht besonders am Herzen liegt. Und so habe ich am Grundrezept kleinere Änderungen vorgenommen – etwas Extragemüse, Kichererbsen und Gewürze –, die das Shakshuka noch leckerer und gesünder machen. Am besten aber gefällt mir, dass man es mit fast allem, was sich noch im Kühlschrank findet, aufpeppen kann. Wer mag, serviert dieses außergewöhnliche Frühstück mit Brot zum Dippen.

Das Öl in einer großen Pfanne schwenken und bei mittlerer Temperatur erhitzen. Zwiebel, Knoblauch, Chili sowie Kreuzkümmelsamen hineingeben und unter Rühren 4 bis 5 Minuten dünsten, bis sie zu duften beginnen und die Zwiebel glasig wird.

Paprika, Aubergine und Kichererbsen hinzufügen und gleichmäßig mit einer großzügigen Prise Salz bestreuen; das Salz entzieht der Aubergine etwas Feuchtigkeit und erleichtert den Garprozess. Unter gelegentlichem Rühren 5 bis 8 Minuten – je nach Größe der Auberginenwürfel – braten, bis die Aubergine weich ist. Um das zu beschleunigen, die Pfanne mit einem Deckel verschließen. Die Aubergine darf auch probiert werden, wenn man sich nicht sicher ist, ob sie schon gar ist.

Paprikapulver sowie Kurkuma und anschließend die Tomaten unterrühren. Die Sauce 3 bis 5 Minuten köcheln lassen, bis sie eindickt. Mit Salz abschmecken.

Mit dem Rücken eines großen Holzlöffels oder einem Spatel drei bis vier kleine Mulden in der Sauce formen. In jede Mulde vorsichtig 1 Ei schlagen, wenn möglich ohne dass das Eigelb dabei kaputtgeht (auf einer flachen Oberfläche aufschlagen). Zugedeckt bei mittlerer Hitze 5 bis 7 Minuten garen, bis das Eiweiß fest ist, die Eigelbe aber noch flüssig sind. Die Pfanne vom Herd nehmen. Das Shakshuka mit Feta und Petersilie bestreuen und servieren.

Tipp: *Ob die Eier die richtige Konsistenz haben, prüft man am besten mit einem Spatel. Fühlt sich das Eiweiß noch zu flüssig an, sollten die Eier etwas länger gegart werden. Im Gegensatz zum Eigelb sollte das Eiweiß beim fertigen Gericht auf jeden Fall fest sein.*

ZUTATEN

- 1 EL Olivenöl
- ½ Zwiebel, abgezogen und in dünne Scheiben geschnitten
- 2 Knoblauchzehen, abgezogen
- 1 frische grüne Chilischote, z. B. Serrano, entkernt und in Ringe geschnitten
- 1 TL Kreuzkümmelsamen
- 1 grüne Paprikaschote, entkernt und gewürfelt
- 60 g Aubergine, in kleine Würfel geschnitten
- 200 g Kichererbsen aus der Dose, abgegossen und abgespült
- Meer- oder Steinsalz
- 1 TL Paprikapulver
- ½ TL gemahlene Kurkuma (optional)
- 400 g stückige Tomaten aus der Dose
- 3–4 Eier (Größe L)
- Feta, zerkrümelt, zum Bestreuen
- 1 Bund frische Petersilie, gehackt

Kapitel 3

UNTERWEGS ODER AM SCHREIBTISCH

Ernsthaft: Fast Food voller Nährstoffe und Geschmack. So einfach ist das.

AUF DIE HAND

Tripledecker-Hähnchensandwich 56

Gesunde Buffalo-Chicken-Pita 59

Kichererbsen-Wrap 60

Megaleckerer Hähnchen-Lunch-Wrap 63

Thunfisch-Quesadilla mit Kapern 64

SALATE

Gourmet-Eiersalat-Bagel 67

Knuspriger Süßkartoffel-Kichererbsen-Salat 68

Mein ultimativer Hähnchen-Taco-Salat 71

Mediterraner Nudelsalat 75

Sommerlicher Quinoasalat 76

TRIPLEDECKER-HÄHNCHENSANDWICH

Für 1 Portion

In der Mittelschule hatte ich immer ein Pausenbrot von meiner Mom dabei. Es war in eine bunte Serviette eingewickelt und für ein Pausenbrot unwahrscheinlich gut. Die Qualität führte mein Mom auf eine sehr geheime Zutat (»Liebe!«) in ihrem Vorratsschrank zurück, die ich als Kind immer suchte und von der auch dieses Sandwich inspiriert ist. Ich bereite es mir zu, wenn es mal schnell gehen muss – und weil ich's kann, mache ich einen Tripledecker daraus. Meist verwende ich dafür übrig gebliebene Hähnchenbrust *(siehe* Unkomplizierte Hähnchenbrust, *S. 25)*, die hier noch durch schwarzen Pfeffer und Zitronensaft aufgepeppt wird. Dreifach lecker!

Für das Hähnchensandwich das Hähnchenbrustfilet mit einem scharfen Messer im Schmetterlingsschnitt aufschneiden. Dafür in einer sägenden Bewegung das Fleisch in der Mitte waagerecht ein-, aber nicht durchschneiden und anschließend wie ein Buch aufklappen *(siehe dazu auch S. 18)*. Mit Salz und reichlich Pfeffer würzen und mit Zitronensaft beträufeln. Die Gewürze und den Saft mit sauberen Händen gründlich ins Fleisch einmassieren.

So viel Öl in eine mittelgroße Pfanne gießen, dass der Boden bedeckt ist, und das Öl in der Pfanne bei mittlerer bis hoher Temperatur erhitzen. Das Fleisch hineingeben und in 3 Minuten pro Seite hellbraun anbraten. Auf ein Schneidbrett legen und dort 5 Minuten ruhen lassen; dann in möglichst dünne Scheiben schneiden (ich schneide das Fleisch in dünne Scheiben, weil ich gern mehrere Scheiben übereinanderlege). Mit Zitronenschale bestreuen und diese etwas andrücken.

Für die Sauce Joghurt, Tahini, Knoblauch, Zitronenschale, Zitronensaft und Olivenöl in einer kleinen Schüssel verrühren. Mit Dill und Salz würzen und noch einmal gründlich verrühren. Die Sauce ist eher schlicht.

Zum Fertigstellen des Sandwiches 1 Scheibe geröstetes Brot auf die Arbeitsfläche legen. 1/3 der Sauce darauf verteilen, mit der Hälfte der gesalzenen Tomatenscheiben belegen und anschließend die Hälfte der Hähnchenbrustscheiben sowie 1 Handvoll Rucola daraufgeben. Mit 1 weiteren Scheibe geröstetem Brot bedecken, wiederum 1/3 der Sauce darauf verteilen und wie zuvor belegen. Die restliche Sauce daraufgeben und mit der letzten Brotscheibe abschließen.

Das Sandwich in zwei Dreiecke schneiden (oder auch nicht) und servieren.

ZUTATEN FÜR DAS HÄHNCHENSANDWICH

- 1 Hähnchenbrustfilet ohne Haut
- Meer- oder Steinsalz
- schwarzer Pfeffer, frisch gemahlen
- abgeriebene Schale und Saft von ½ Bio-Zitrone
- Olivenöl zum Braten
- 3 Scheiben Brot nach Wahl, geröstet
- 1 Tomate, in Scheiben geschnitten und gesalzen
- 2 Handvoll frischer Rucola

ZUTATEN FÜR DIE SAUCE

- 2 EL griechischer Joghurt
- 1½ TL Tahini
- 1–2 Knoblauchzehen, abgezogen und fein gehackt
- abgeriebene Schale und Saft von ½ Bio-Zitrone
- 1 TL Olivenöl
- frischer Dill, gehackt
- Meer- oder Steinsalz

Auf die Hand

GESUNDE BUFFALO-CHICKEN-PITA

Für 1 Portion

Dies ist eines meiner Lieblingsgerichte für unter der Woche, weil es so schön makronährstofffreundlich ist – es enthält nützliche Nährstoffe, hat dabei aber nicht allzu viele Kalorien und eignet sich deshalb zum Abnehmen (wenn du das möchtest). Ich ummantle die Hähnchenbrust nach dem Braten mit einer süß-scharfen Sauce, die an Chicken Wings erinnert – der Buffalo-Teil des Rezepts –, und stecke sie in eine herrlich weiche Pita. Das allein ist schon megalecker, du kannst aber auch noch einen köstlichen Joghurt-Knoblauch-Dip dazu genießen. So gehört die Pita bestimmt auch bald zu deinen Lieblingsgerichten. Versprochen.

ZUTATEN

- 1 Hähnchenbrustfilet ohne Haut
- 1 TL geräuchertes Paprikapulver
- 1 TL Knoblauchpulver
- Meer- oder Steinsalz
- schwarzer Pfeffer, frisch gemahlen
- Olivenöl zum Braten
- 1 EL griechischer Joghurt
- 1 EL Chilisauce
- 1 TL Honig
- 1 Frühlingszwiebel, in Ringe geschnitten
- 1 kleines Bund frischer Koriander, grob gehackt
- 1 mittelgroßes Pitabrot
- 1 Handvoll geriebener Gouda oder Cheddar

Den Backofen auf 180 °C (Gas Stufe 2–3) vorheizen.

Das Hähnchenbrustfilet in mundgerechte Stücke schneiden.

Tipp: *Ich bevorzuge kleinere Stücke, weil sie schneller garen und das Verhältnis von Sauce zu Fleisch dann besser ist.*

Die Hähnchenstücke mit Paprika- und Knoblauchpulver würzen, anschließend salzen und pfeffern. Dabei die Gewürze mit sauberen Händen gründlich ins Fleisch einmassieren.

So viel Öl in eine Pfanne (30 cm Ø) gießen, dass der Boden bedeckt ist, und das Öl in der Pfanne bei mittlerer bis hoher Temperatur erhitzen. Das Hähnchenfleisch hineingeben und 5 bis 6 Minuten unter Rühren darin braten. Die angebratenen Hähnchenstücke anschließend in eine große Schüssel füllen.

Mit Joghurt, Chilisauce, Honig, Frühlingszwiebel und Koriander gründlich vermengen. Mit Salz, Pfeffer und/oder Chilisauce abschmecken.

Vom Rand des Pitabrots ein kleines Stück abschneiden und das Brot von dieser Stelle aus ein-, aber nicht vollständig durchschneiden, sodass eine Tasche zum Füllen entsteht.

Die Hähnchenmischung in die Tasche geben und die Füllung mit geriebenem Käse bestreuen. Das Pitabrot auf ein Backblech legen.

Die Buffalo-Chicken-Pita etwa 5 Minuten im Ofen backen, bis der Käse geschmolzen ist.

KICHERERBSEN-WRAP

Für 1 Portion

Viele Leute machen sich darüber lustig, dass ich so häufig Kichererbsen in meinen Rezepten verwende. Anfangs versuchte ich noch, mich zu rechtfertigen und meine Kichererbsenobsession zu verbergen, doch inzwischen akzeptiere ich, was ich bin: ein Kichererbsenfanatiker. Die mit Kräutern verfeinerten Kichererbsen hier sind eines meiner Grundnahrungsmittel und so vielseitig, dass man sie fast überall dazugeben kann. Vor Kurzem habe ich das Rezept ein wenig abgewandelt und die kräuterige, knoblauchige Intensität der Kichererbsen mit Joghurt ausgeglichen. Na – auch verliebt?

Das Öl in eine Pfanne (30 cm Ø) gießen und bei mittlerer Temperatur erhitzen. Die Kichererbsen hineingeben und im heißen Öl wenden. Knoblauch, Kreuzkümmel, Paprikapulver, Thymian und Knoblauchpulver dazugeben, mit Salz sowie Pfeffer würzen und alles gründlich verrühren. Unter gelegentlichem Rühren 10 bis 12 Minuten braten, bis die Kichererbsen außen knusprig, innen aber noch weich sind (dafür am besten probieren, aber Achtung, sie sind heiß!).

Den Herd ausschalten und die frischen Kräuter in die Pfanne geben. Das Rezept ist recht »kräuterlastig«, es darf also eine ordentliche Portion Kräuter sein. Meiner Meinung nach kann man es damit kaum übertreiben, solange die Stars der Show nach wie vor die Kichererbsen sind. Chiliringe und Zitronensaft hinzufügen und alles noch einmal gründlich verrühren.

Eine saubere Pfanne (30 cm Ø) bei mittlerer Temperatur erhitzen. Die Tortilla in nur wenigen Sekunden erwärmen, keinesfalls knusprig rösten, so bleibt sie biegsam. Die Tortilla auf die saubere Arbeitsfläche gleiten lassen und mit Joghurt bestreichen. Mit den Kichererbsen belegen und zu einem Wrap falten *(siehe* Einen Burrito falten, *S. 20).*

ZUTATEN

- 1 EL Olivenöl
- 200 g Kichererbsen aus der Dose, abgegossen und abgespült
- 2–3 Knoblauchzehen, abgezogen und in Scheiben geschnitten
- 1 TL gemahlener Kreuzkümmel
- 1 TL geräuchertes Paprikapulver
- 1 TL getrockneter Thymian
- 1 TL Knoblauchpulver
- Meer- oder Steinsalz
- schwarzer Pfeffer, frisch gemahlen
- 1 Bund frische Kräuter, z. B. Koriander und Petersilie
- 1 frische rote Chilischote, entkernt und in Ringe geschnitten
- Saft von ½ Zitrone
- 1 Tortilla (30 cm Ø)
- 1 EL griechischer Joghurt

MEGALECKERER HÄHNCHEN-LUNCH-WRAP

Für 1 Portion

Dieser Wrap hat alles, was er braucht: Er ist einfach zuzubereiten, steckt voller Nährstoffe und macht Spaß. Hier verbinden sich saftiges Hähnchen, eine aromatische Sauce, knackiges Gemüse und ein kleiner Säurekick zu einem perfekten Lunch. Natürlich kannst du auch übrig gebliebenes Fleisch dafür verwenden, am besten schmeckt der Wrap aber mit frisch zubereiteten Hähnchenschenkelstücken.

ZUTATEN

- 1 Hähnchenschenkel, ohne Knochen und ohne Haut
- 1 Knoblauchzehe, abgezogen und fein gehackt
- Meer- oder Steinsalz
- schwarzer Pfeffer, frisch gemahlen
- 1 TL geräuchertes Paprikapulver
- 1 TL Knoblauchpulver
- 1 TL gemahlene Kurkuma
- Saft von ½ Zitrone
- Olivenöl zum Braten
- 1 EL griechischer Joghurt
- 1½ TL Mayonnaise
- 1 Bund frischer Koriander, gehackt
- 1 Weizentortilla (30 cm Ø), erwärmt
- ½ Tomate, gewürfelt und gesalzen
- 1 Handvoll gehackter Rotkohl
- Eingelegte rote Zwiebeln *(siehe S. 24)* zum Bestreuen

Den Hähnchenschenkel in mundgerechte Stücke schneiden und in eine mittelgroße Schüssel geben. Knoblauch, Salz, Pfeffer, Paprikapulver, Knoblauchpulver und Kurkuma dazugeben. (Der erdige, pfeffrige Geschmack der Kurkuma passt ausgezeichnet zu diesem Rezept.) Mit Zitronensaft beträufeln und alles gründlich vermengen, damit sich die Gewürze gut verteilen. Man kann die Mischung nun zugedeckt einige Stunden im Kühlschrank ziehen lassen, um wirklich alle Aromen hervorzukitzeln, doch wenn ich ehrlich bin, fahre ich in 99 Prozent der Fälle an dieser Stelle einfach mit der Zubereitung fort.

Etwa 1 Esslöffel Olivenöl in eine Pfanne (30 cm Ø) gießen und bei mittlerer bis hoher Temperatur erhitzen. Das Hähnchenfleisch ins heiße Öl geben und unter gelegentlichem Rühren bzw. Wenden in 5 bis 6 Minuten goldbraun darin braten.

In einer kleinen Schüssel Joghurt, Mayonnaise und Koriander verrühren.

Die warme Tortilla auf die Arbeitsfläche legen und mit der Hälfte der Sauce bestreichen. Das Hähnchenfleisch mittig daraufgeben. Darauf wiederum Tomatenwürfel und Rotkohl geben. Die restliche Sauce darauf verteilen und mit roten Zwiebeln bestreuen. Die Tortilla zu einem Wrap falten *(siehe* Einen Burrito falten, *S. 20)* und das Erfolgserlebnis genießen.

THUNFISCH-QUESADILLA MIT KAPERN

Für 1 Portion

Manchmal guckt man in den Kühlschrank und denkt, es sei nichts zu essen da. Obendrein ist man auch noch zu faul, um schnell zum Supermarkt zu gehen, und der Lieferservice ist zu teuer. Auftritt dieses Gericht! Denn sieht man genauer nach, finden sich doch noch irgendwo eine Dose Thunfisch, eine Tortilla, Gewürze und Würzsaucen sowie etwas übrig gebliebener Käse. Das klingt so zwar noch nicht lecker, wird es aber, wenn man es zu einer Thunfisch-Quesadilla zusammenstellt – dann ist es, als hätte man etwas aus nichts gezaubert.

Den Thunfisch in eine Schüssel geben. Mayo, Zwiebel, Knoblauch, Petersilie und Kapern hinzufügen und alles gründlich verrühren. Das Olivenöl einarbeiten – so schmeckt die Thunfischcreme intensiver und bekommt eine beinahe pastenähnliche Konsistenz. Mit Salz und Pfeffer würzen.

Die Tortilla auf die saubere Arbeitsfläche legen und zur Hälfte mit der Thunfischcreme bestreichen (sie muss ja noch gefaltet werden). Die Creme vollständig mit geriebenem Käse bedecken, dann die andere Hälfte der Tortilla über die Füllung schlagen. Etwas andrücken, damit sie hält.

Eine große Pfanne bei mittlerer bis hoher Temperatur erhitzen. Etwas Öl hineingeben und darin schwenken, damit der Pfannenboden ganz bedeckt ist. Die Quesadilla mit der Käseseite nach unten in die heiße Pfanne legen und oben mit etwas Olivenöl bestreichen. Die Quesadilla anschließend 2 bis 3 Minuten braten, dabei hin und wieder nachsehen, ob sie unten zu sehr bräunt. Vorsichtig wenden und 2 Minuten auf der anderen Seite braten.

Und das war's auch schon! Aus der Pfanne nehmen, in drei Stücke schneiden und genießen.

ZUTATEN

- 70 g Thunfisch im eigenen Saft aus der Dose, abgegossen
- 2 EL Mayonnaise
- ½ rote Zwiebel, abgezogen und fein gewürfelt
- 1 Knoblauchzehe, abgezogen und fein gehackt
- 1 kleines Bund frische Petersilie, grob gehackt
- 1 EL Kapern, abgegossen
- 1 EL Olivenöl + etwas mehr zum Braten und zum Bestreichen
- Meer- oder Steinsalz
- schwarzer Pfeffer, frisch gemahlen
- 1 Weizentortilla (25 cm Ø)
- 1 Handvoll geriebener Cheddar

GOURMET-EIERSALAT-BAGEL

Für 2 Portionen

Bei »Eiersalat« denkst du vielleicht an schlechte Flughafensandwiches, die es fertigbringen, gleichzeitig matschig und trocken zu sein, und eigentlich nach nichts schmecken. Denke um: Der bescheidene Eiersalat kann, richtig zubereitet, zur wirklich außergewöhnlichen Erfahrung werden, die zudem den Geldbeutel schont! Die Mengen können problemlos verdoppelt werden, der Eiersalat hält sich gekühlt bis zu 5 Tage. Ich verwende dafür immer einen Bagel mit Sesamsamen, du kannst aber auch Salatblätter nehmen.

Tipp: *Die Zubereitung der Eiersalat-Bagel ist nicht schwierig, vorher allerdings müssen Eier gekocht werden. Ein etwas weicheres Eigelb ergibt eine deutlich geschmeidigere Konsistenz des Eiersalats. Für mich beträgt die ideale Kochzeit der Eier 8 Minuten.*

Die Eier pellen und in eine große Schüssel geben. Mayo, Joghurt, Dijonsenf, Essig und Sellerie sowie Dill, Petersilie und Schnittlauchröllchen dazugeben. Mit Salz und Pfeffer würzen; dabei mit wenig Salz beginnen – nachsalzen kann man später immer noch. Das Olivenöl hinzufügen, es verleiht dem Eiersalat geschmacklich mehr Tiefe.

Die Eier mit sehr sauberen Händen grob zerdrücken und mit den anderen Zutaten vermengen. Ich verwende deshalb gern die Hände dazu, weil ich so genau die Konsistenz hinbekomme, die ich mag (außerdem macht es Spaß!). Der Eiersalat sollte stückig und trotzdem cremig sein und gebunden haben.

Wer mag (ich mag!), heizt den Backofen auf 180 °C (Gas Stufe 2–3) vor, legt die Bagelhälften auf ein Backblech und wärmt sie für etwa 3 Minuten im Ofen auf.

Den Eiersalat auf den Bagelhälften verteilen und ein ganz neues Eiersalatgefühl genießen.

ZUTATEN

- 4 Eier (Größe L), hart gekocht *(siehe* Eier kochen leicht gemacht, *S. 22)*
- 60 ml Mayonnaise
- 2 EL griechischer Joghurt
- 1½ TL Dijonsenf
- 1 TL heller Essig
- 1 kleine Stange Sellerie, fein gehackt
- 1 EL gehackter frischer Dill
- 1 EL gehackte frische Petersilie
- 1 EL frische Schnittlauchröllchen
- Meer- oder Steinsalz
- schwarzer Pfeffer, frisch gemahlen
- 1 EL Olivenöl
- 2 Bagel mit Sesamsamen, halbiert

KNUSPRIGER SÜSSKARTOFFEL-KICHERERBSEN-SALAT

Für 2 Portionen

Bei der Lektüre dieses Buchs wirst du feststellen, dass ich eine (ans Ungesunde grenzende) Leidenschaft für bestimmte Zutaten habe. Die für Kichererbsen ist dir wahrscheinlich schon aufgefallen, hinzu kommt nun noch die für Süßkartoffeln. Das Duo bildet nicht nur eine Top-Nährstoffkombi, es schmeckt auch megaköstlich. Dieser Salat macht die beiden Zutaten zum Star auf dem Teller, das Knoblauchdressing tut sein Übriges.

Ich bin kein Fan von blattsalatlastigen Gerichten – das Grünzeug gehört zum Salat zwar dazu, sollte ihn aber nicht dominieren. Für mich muss ein Salat aus einer Vielzahl von Farben, Geschmäckern, Konsistenzen, Fetten, Säuren und Aromaten bestehen, die sich zu einer aufregenden Mischung vereinen. Als ich in puncto Salat erst über den Tellerrand geguckt hatte, begann ich plötzlich, ihn zu mögen; seitdem ist er fester Bestandteil meiner täglichen Ernährung. Lass auch du die Vorstellung vom »klassischen Salat« hinter dir und entdecke ihn von einer ganz neuen Seite.

Für die Gewürzmischung die Gewürze in einer kleinen Schüssel verrühren.

Den Backofen auf 200 °C (Gas Stufe 3–4) vorheizen und ein Backblech mit Backpapier belegen.

Die gut abgetropften Kichererbsen, das Olivenöl und die Hälfte der Gewürzmischung in eine mittelgroße Schüssel geben und mit einem Holzlöffel so lange gründlich vermengen, bis alle Kichererbsen von der Gewürzmischung bedeckt sind. Gleichmäßig auf dem vorbereiteten Backblech verteilen.

Die Kichererbsen in 20 bis 30 Minuten im Ofen knusprig backen; dabei im Auge behalten, damit sie nicht verbrennen.

ZUTATEN FÜR DIE GEWÜRZMISCHUNG

- Meer- oder Steinsalz
- 2 TL geräuchertes Paprikapulver
- 2 TL gemahlener Kreuzkümmel
- 2 TL Knoblauchpulver
- 1 TL gemahlener Ingwer

ZUTATEN FÜR DIE KICHERERBSEN

- 425 g Kichererbsen aus der Dose, abgegossen, abgespült und gut abgetropft
- 1 EL Olivenöl

ZUTATEN FÜR DIE SÜSSKARTOFFEL

- 1 EL Olivenöl
- 1 mittelgroße Süßkartoffel, in kleine Würfel geschnitten
- 1 kleines Bund frische Petersilie, grob gehackt

ZUTATEN FÜR DAS DRESSING

- 60 g griechischer Joghurt
- 2 EL Tahini
- 2–3 Knoblauchzehen, abgezogen
- 1 mittelgroßes Bund frischer Koriander
- abgeriebene Schale und Saft von 1 Bio-Limette
- 1 EL Olivenöl
- 2 TL Honig
- Meer- oder Steinsalz
- schwarzer Pfeffer, frisch gemahlen

ZUTATEN FÜR DEN SALAT

- 2–3 Handvoll Blattsalat nach Wahl (ich verwende gern Feldsalat)

Tipp: *Ich bereite die Süßkartoffel direkt in der Pfanne zu. Das ist praktischer und führt zu einer besseren Konsistenz.*

Für die Süßkartoffel das Öl in eine große Pfanne geben und darin schwenken, damit der Boden der Pfanne vollständig davon bedeckt ist. Bei mittlerer bis hoher Temperatur erhitzen. Anschließend die Süßkartoffelwürfel im heißen Öl unter Wenden etwa 1 Minute braten, dann die Hitze auf mittlere Temperatur reduzieren. Die Süßkartoffelwürfel gut in der Pfanne verteilen, damit sie gleichmäßig bräunen. 1 großen Spritzer Wasser dazugeben und die Pfanne sofort mit einem Deckel verschließen; so wird die Süßkartoffel gedämpft, bleibt aber knusprig. Je nach Größe der Würfel 10 bis 15 Minuten garen; dabei alle 2 Minuten umrühren. Um zu prüfen, ob die Süßkartoffel gar ist, vorsichtig ein kleines Stück probieren.
Sind die Süßkartoffelwürfel gar, die mittlere Temperatur beibehalten und die restliche Gewürzmischung unterrühren. Anschließend die gehackte Petersilie ebenfalls unterrühren und den Herd ausschalten.

Für das Dressing alle Zutaten – auch Salz und Pfeffer – in der Küchenmaschine oder im Mixer glatt mixen. Das Dressing je nach gewünschter Konsistenz mit etwas Wasser verdünnen. Mit Salz und Pfeffer abschmecken.

Für den Salat Blattsalat, Süßkartoffelwürfel und Kichererbsen in eine große Schüssel geben und mit einer kleinen Menge Dressing vermengen. Dann nach und nach mehr Dressing zugeben, dabei jedoch darauf achten, dass der Salat nicht zu feucht wird – es soll ja ein knuspriger Salat werden.

Übrig gebliebenes Dressing hält sich in einem kleinen verschließbaren Glas im Kühlschrank bis zu 1 Woche.

MEIN ULTIMATIVER HÄHNCHEN-TACO-SALAT

Für 2 Portionen

Um ehrlich zu sein, ist dies mein Lieblingssalat in diesem Kapitel, eigentlich sogar eines meiner Lieblingsgerichte in diesem Buch. Ich bereite es mindestens einmal pro Woche zu, es macht mich immer satt und glücklich. Meiner Philosophie nach bestehen die besten Salate aus bewährten Aromenprofilen anderer Gerichte, die lediglich ins Salatformat umgewandelt wurden. Tacos mit Hähnchenfleisch gehören eindeutig zu meinen Superhelden in der Küche, weil sich bei ihnen Nährwert und Essvergnügen perfekt die Waage halten. In diesem Salat sind alle Zutaten meiner Lieblingstacos vorhanden, nur eben in Salatform, mit einem ganz besonderen Dressing und würzigen Tortilla»croûtons« für den Extracrunch.

Für das Dressing alle Zutaten im Mixer zu einer dicken, cremigen Mischung mixen. Wird die Mischung zu dick, nach und nach etwas Wasser zugeben, bis die gewünschte Konsistenz erreicht ist.

Für den Salat das Hähnchenbrustfilet mit einem scharfen Messer im Schmetterlingsschnitt aufschneiden. Dafür in einer sägenden Bewegung das Fleisch in der Mitte waagerecht ein-, aber nicht durchschneiden und anschließend wie ein Buch aufklappen *(siehe dazu auch S. 18)*. Das Fleisch großzügig mit der Taco-Gewürzmischung einreiben, dabei etwas Gewürzmischung für später aufbewahren.

1 Esslöffel Olivenöl in eine große Pfanne (30 cm Ø) geben und bei mittlerer bis hoher Temperatur erhitzen. Das Fleisch hineinlegen und in etwa 3 Minuten pro Seite leicht braun anbraten. Anschließend das Fleisch auf einen

ZUTATEN FÜR DAS DRESSING

- 1 Avocado, geschält, halbiert und entsteint
- 1 EL griechischer Joghurt
- 1 EL Olivenöl
- abgeriebene Schale und Saft von 1 Bio-Limette
- 1 Knoblauchzehe, abgezogen
- Meer- oder Steinsalz
- schwarzer Pfeffer, frisch gemahlen

ZUTATEN FÜR DEN SALAT

- 1 Hähnchenbrustfilet
- 1 Päckchen Taco-Gewürzmischung (28 g)
- Olivenöl zum Braten
- 2–3 Weizentortillas (15 cm Ø), in schmale Streifen geschnitten
- 1 Romanasalatherz, grob gehackt
- Körner von ½ frischen Maiskolben
- 1 Frühlingszwiebel, in Ringe geschnitten
- 2 Romatomaten, gewürfelt
- 1 Bund frischer Koriander, grob gehackt

Teller legen und 2 Minuten ruhen lassen, dabei den Herd eingeschaltet lassen. Das Hähnchenbrustfilet in mundgerechte Stücke schneiden.

Noch etwas Öl in die Pfanne geben und bei noch immer mittlerer bis hoher Temperatur erhitzen. Die Tortillastreifen unter gelegentlichem Rühren in 5 Minuten darin leicht knusprig braten. Mit etwas Taco-Gewürzmischung bestreuen und alles noch einmal gründlich verrühren. 1 Minute weiterbraten, dann den Herd ausschalten. Fertig sind unsere Tortilla»croûtons«.

In einer großen Schüssel Romanasalat, Maiskörner, Frühlingszwiebelringe, Tomaten und Koriander vermengen. Hähnchenstücke und Tortilla»croûtons« dazugeben und unterrühren. Mit der gewünschten Menge Dressing beträufeln und alles noch einmal gründlich vermengen.

Die Formel für perfekte Salatdressings

Mit dem Dressing steht oder fällt der Salat. Und das Schöne an selbst gemachten Dressings ist, dass du bei ihnen die ultimative Kontrolle über Geschmack und Nährwert hast. Wenn du dich an die folgende Salatdressingformel hältst, kannst du nichts falsch machen und deine Dressings gelingen garantiert immer.

Die Formel lautet:
1 Teil Öl/Fett + 1 Teil Säure + Aromaten + Geschmacks-/Konsistenz-/Nährwertverstärker

Zu 1 Teil Öl oder Fett wie z. B. Olivenöl oder Avocadofett gesellt sich 1 Teil Säure nach Wahl, z. B. Weißweinessig oder frisch gepresster Zitronensaft. Das ergibt die Basisemulsion.

Aromaten wie Knoblauch, Kräuter oder sonnengetrocknete Tomaten sorgen für ordentlich Geschmack im Dressing.

Anschließend kommt noch dazu, was auch immer Geschmack, Konsistenz oder Nährwert verstärkt: Zu meinen Lieblingszugaben gehören Avocado, griechischer Joghurt, Honig, Ahornsirup, Senf und natürlich Salz sowie Pfeffer.

Du kannst diese Formel nutzen, um mit verschiedenen Aromenprofilen für verschiedene Salattypen zu experimentieren. Denk einfach an deine Lieblingsgerichte und überlege, welche Zutaten zu einem Dressing passen könnten. Lass deiner Fantasie freien Lauf! Am Ende wird ein Salatdressing dabei herauskommen, das du selbst kreiert hast.

MEDITERRANER NUDELSALAT

Für 2 Portionen

Achtung, jetzt kommt's: Für einen Salat braucht man keinen Salat! Bei der Basis kann man sehr kreativ sein, und zu meinen Lieblingsgrundzutaten gehören definitiv Nudeln. Wer ehrlich ist, muss zugeben, dass die auch viel leckerer sind als grünes Blattwerk. Dieser mediterrane Nudelsalat eignet sich hervorragend als Mittagessen: Er ist frisch, leicht zuzubereiten und dabei doch herzhaft und sättigend. Außerdem schmeckt er mit seiner herrlich zitronigen Vinaigrette unglaublich verführerisch nach Sommer.

Für das Dressing alle Zutaten, auch Salz und Pfeffer, in ein kleines verschließbares Glas geben. Das Glas verschließen und so lange schütteln, bis sich die Zutaten verbunden haben. Anschließend das Dressing abschmecken: Es darf ruhig ein wenig salziger und säuerlicher sein, diese Aromen treten im fertigen Gericht dann etwas zurück.

Für den Salat die Nudeln in reichlich Salzwasser nach Packungsanleitung al dente kochen. In ein Sieb abgießen und kalt abspülen, anschließend in eine große Schüssel füllen. Mit dem Öl vermengen. Die Petersilie hinzufügen und alles noch einmal gründlich vermengen. Tomaten, Zwiebel, Gurke, Feta, Oliven und Kapern sowie eine kleine Menge Dressing dazugeben. Vermengen. Nach Belieben mehr Dressing dazugeben und genießen.

Übrig gebliebenes Dressing hält sich in einem verschließbaren Glas im Kühlschrank bis zu 2 Wochen.

ZUTATEN FÜR DAS DRESSING

- 2 EL Rotweinessig
- 2 EL Olivenöl
- abgeriebene Schale und Saft von ½ Bio-Zitrone
- frische Thymianblättchen
- Meer- oder Steinsalz
- schwarzer Pfeffer, frisch gemahlen

ZUTATEN FÜR DEN SALAT

- 115 g rohe Nudeln nach Wahl (ich verwende gern Farfalle)
- Salz
- 1 EL Olivenöl
- 1 große Handvoll frische Petersilie, grob gehackt
- 150 g Kirschtomaten, geviertelt
- ½ rote Zwiebel, abgezogen und in feine Scheiben geschnitten
- ¼ Salatgurke, in Halbmonde geschnitten
- 55 g Feta, zerkrümelt
- 33 g Kalamata-Oliven, entsteint und grob gehackt
- 2 EL Kapern

SOMMERLICHER QUINOASALAT

Für 2 Portionen

Dieser Salat macht mich einfach glücklich. Warum er das tut, weiß ich gar nicht so genau zu sagen, aber er tut es. Außerdem ist er ein klassisches Beispiel dafür, wie man bei Salaten um die Ecke denken kann: Er hat nicht nur Quinoa als Basis, sondern nimmt durch seine unkonventionellen Zutaten auch noch eine überraschend süße Wendung. Das enthaltene Obst und Gemüse ist erfrischend und leicht und steckt obendrein voller wertvoller Nährstoffe. Die Süße und Schärfe des Honig-Senf-Dressings runden das Ganze ab. Lass mich doch bei Gelegenheit wissen, ob dich der Salat ebenfalls glücklich macht.

Für das Dressing alle Zutaten in ein kleines verschließbares Glas geben. Das Glas verschließen und so lange schütteln, bis sich die Zutaten verbunden haben. Abschmecken und Süße sowie Säure bei Bedarf anpassen.

Für den Salat die Quinoa nach Packungsanleitung garen. (Ich bereite ihn immer im Reiskocher mit der gleichen Menge Wasser zu.) Anschließend die Quinoa leicht abkühlen lassen.

Quinoa, Rucola, Apfelwürfel, Gurkenwürfel, Cranberrys, Walnusskerne und Minzblätter mit der gewünschten Menge Dressing in eine große Schüssel geben. Der Salat sollte nicht in Dressing ertränkt werden – mehr kann man später immer noch dazugeben. Alles gründlich miteinander vermengen und genießen.

ZUTATEN FÜR DAS DRESSING

- 2 EL Dijonsenf
- 2 EL Olivenöl
- 1 EL destillierter heller Essig
- 1 EL Zitronensaft, frisch gepresst
- 1 EL Honig

ZUTATEN FÜR DEN SALAT

- 140 g Quinoa
- 20 g Rucola
- ½ Apfel, entkernt und gewürfelt
- ¼ Salatgurke, in Würfel geschnitten
- 1 große Handvoll getrocknete Cranberrys
- 1 große Handvoll Walnusskerne, grob gehackt
- 24 g frische Minzblätter, fein gehackt

Kapitel 4

SCHNELLE KLASSIKER

Die folgenden Rezepte sind unverkennbar KWOOWK. Mit ihnen bin ich in die Welt des Kochens eingestiegen und dabeigeblieben – so wie du hoffentlich auch!

GERICHTE, DIE MICH DURCHS STUDIUM GEBRACHT HABEN

Fried Rice mit Resten 80

Traumhaft cremiges Butter Chicken 83

Reste-Geflügelsalat 86

Scharfe Kirschtomaten-Pasta 89

COMFORT FOOD

Sahnige Gemüsesuppe 90

Gesündere »frittierte« Chicken Wings 92

Schnelles Huhn-Congee 95

Ganz schnelle Tacos 96

FRIED RICE MIT RESTEN

Für 2 Portionen

Eine Frage, die ich von Studierenden, die sich erstmals mit dem Kochen beschäftigen, häufig gestellt bekomme, lautet: »Welches Gericht sollte ich als Einstieg zubereiten können?« Meiner Meinung nach eignet sich dieser Gebratene Restereis wunderbar für alle Hobbyköch*innen in den Anfängen. Er ist so vielseitig, dass man dafür alle möglichen Zutaten verwenden kann, die sonst wahrscheinlich nicht mehr zum Einsatz kommen würden: übrig gebliebenes gekochtes oder rohes Gemüse, Fleischreste, Würzsaucen – was der Kühlschrank eben so hergibt. Das macht die Sache natürlich auch relativ preiswert.

Die Version hier bereite ich am häufigsten zu, doch schrecke ich auch vor anderen Zutaten wie Aubergine, Brokkoli oder Bacon nicht zurück. Zudem möchte ich anmerken, dass ich gebratenen Reis gern *gebraten* mag – weshalb ich ihn bei der Zubereitung auch nicht ständig umrühre. Für mich ist er genau richtig, wenn er unten knusprig braun ist.

Tipp: *Für gewöhnlich wird gebratener Reis in einem gut »eingearbeiteten« Wok bei sehr hoher Temperatur zubereitet. Da ich es schwierig finde, einen Wok auf einem haushaltsüblichen Herd gleichmäßig zu erhitzen, verwende ich stattdessen immer eine große beschichtete Pfanne – sie hat viel Garoberfläche, die ebenfalls stark erhitzt werden kann.*

Eine große beschichtete Pfanne bei hoher Temperatur erhitzen. Einen Teller oder eine Schüssel für die Eier bereitstellen. Ausreichend Pflanzenöl in die Pfanne geben und dieses mit Küchenpapier vorsichtig gleichmäßig darin verteilen. Das Küchenpapier aufbewahren.

Die Eier aufschlagen, in eine Schüssel geben, mit Salz bestreuen und mit einer

ZUTATEN

- Pflanzenöl zum Braten
- 2 Eier (Größe L)
- Meer- oder Steinsalz
- ½ Zwiebel, abgezogen und gewürfelt
- 1 Frühlingszwiebel, weiße und grüne Teile getrennt in Ringe geschnitten
- ½ Paprikaschote beliebiger Farbe, entkernt und gewürfelt
- 2–3 Knoblauchzehen, abgezogen und in feine Scheiben geschnitten
- 140 g übrig gebliebenes gegartes Fleisch, z. B. Hähnchenbrust, in Scheiben geschnitten
- 370 g übrig gebliebener gegarter Reis vom Vortag
- 1 TL Mononatriumglutamat (optional)
- 130 g TK-Erbsen
- 1 EL helle Sojasauce
- 1 EL Austernsauce
- 1 EL Reisessig
- 1½ TL dunkle Sojasauce
- 1½ TL Sesamöl

Gabel verquirlen. Anschließend in die eingeölte Pfanne gießen – die so heiß sein sollte, dass dabei ein Brutzeln zu hören ist. Die Eier mit einem Holzspatel verrühren – sie garen rasch. Wie sie hinterher aussehen, ist weniger wichtig: Sie werden im fertigen Gericht nur noch als kleine Stücke sichtbar sein. Die Eier auf den bereitgestellten Teller oder in die Schüssel geben und die Pfanne mit dem aufbewahrten Küchenpapier auswischen. Bei Bedarf noch etwas Öl in die Pfanne gießen.

Zwiebelwürfel, weiße Frühlingszwiebelringe, Paprika und Knoblauch in die Pfanne geben und bis zu 2 Minuten unter Rühren darin braten, bis das Gemüse weich ist (darauf achten, dass es nicht verbrennt). Das Fleisch hinzufügen und unter Rühren 1 Minute mitbraten, bis es leicht gebräunt ist und sich die Aromen verbunden haben.

Den Reis in die Pfanne geben und mit dem Mononatriumglutamat bestreuen. Alles mit dem Holzspatel grob verrühren und den Reis anschließend 2 bis 3 Minuten braten; dabei nicht ständig rühren, damit er die Chance hat, etwas zu bräunen.

Die gefrorenen Erbsen dazugeben und 1 bis 2 Minuten mitbraten. So werden sie nicht totgegart und behalten ihren frischen Geschmack ebenso wie ihre knackige Konsistenz.

Sind die Erbsen gar, helle Sojasauce, Austernsauce, Reisessig, dunkle Sojasauce, Sesamöl und gebratene Eier unter den Reis rühren. So lange rühren, bis Saucen und Eier gleichmäßig im Reis verteilt sind.

Den Herd ausschalten und das Gericht abschmecken. Nach Belieben mit mehr Sojasauce und Reisessig würzen. Mit den grünen Frühlingszwiebelringen bestreut servieren.

TRAUMHAFT CREMIGES BUTTER CHICKEN

Für 2 Portionen

Bei meiner Erkundung von Gerichten aus aller Welt stolpere ich hin und wieder über ein Juwel, das nicht nur perfekt in die Alltags-Studiküche passt, sondern »Studiküche« auch völlig neu definiert. Eines dieser bahnbrechenden Gerichte ist das traumhaft cremige Butter Chicken. Es stammt aus Indien, ist hier aber so abgewandelt, dass es schnell geht und trotzdem noch nach dem Original schmeckt. In Letzteres kommen Unmengen von Butter und Sahne – die ich hier stark reduziert habe. So kannst du mehr davon essen, ohne Angst vor akuter Arterienverstopfung haben zu müssen. Am besten schmeckt das Hühnchen mit Reis oder Naan-Brot, aber auch pur ist es ein Genuss. Doch wie auch immer man es serviert: Es wird deinen kulinarischen Horizont ohne Zweifel erheblich erweitern!

Für die Marinade Knoblauch, Joghurt, Garam Masala, Paprikapulver, Knoblauchpulver und Ingwer in einer großen Schüssel verrühren. Mit Salz würzen.

Für das Hühnchen die Hähnchenstücke zur Marinade in der Schüssel geben und die Marinade mit sauberen Händen in das Fleisch einarbeiten. (Nach dem Kontakt mit rohem Hähnchenfleisch unbedingt die Hände waschen!) Die Schüssel mit Klarsichtfolie bedecken und das Fleisch im Kühlschrank über Nacht in der Marinade ziehen lassen. (Da ich eher zu den ungeduldigen Zeitgenossen gehöre, beträgt bei mir die Marinierzeit nur etwa 10 Minuten.)

Etwas Olivenöl in einer großen Pfanne bei mittlerer bis hoher Temperatur erhitzen. Das marinierte Fleisch hineingeben – dabei darf ruhig ein Brutzeln zu hören sein. Das Fleisch in etwa 3 Minuten rundum in dem Öl anbraten, aber darauf achten, dass der Joghurt nicht zu sehr verbrennt. Das Fleisch sollte

ZUTATEN FÜR DIE MARINADE

- 2–3 Knoblauchzehen, abgezogen und fein gehackt
- 1½ EL griechischer Joghurt
- 2 TL Garam Masala
- 1 TL geräuchertes Paprikapulver
- 1 TL Knoblauchpulver
- 1 TL geriebener frischer Ingwer
- Meer- oder Steinsalz

ZUTATEN FÜR DAS HÜHNCHEN

- 225 g Hähnchenbrustfilet, in mundgerechte Stücke geschnitten
- Olivenöl zum Braten
- 1½ TL Butter
- 1 Zwiebel, abgezogen und in Scheiben geschnitten
- Meer- oder Steinsalz
- 400 g stückige Tomaten aus der Dose
- 1 TL Garam Masala
- 1 TL geräuchertes Paprikapulver
- 120 g Sahne
- frischer Koriander zum Bestreuen

lediglich gebräunt sein, gar wird es später. Aus der Pfanne nehmen; dabei sollte am Pfannenboden ein schöner Bratensatz (das leckere Gebräunte) zurückbleiben.

Die Hitze auf mittlere Temperatur reduzieren und die Butter in der heißen Pfanne zerlassen. Die Zwiebel hineingeben, mit Salz bestreuen und unter gelegentlichem Rühren in 2 bis 3 Minuten weich dünsten.

Die Tomaten unterrühren und die Sauce etwa 5 Minuten köcheln lassen, bis sie eindickt. Mit Garam Masala sowie Paprikapulver würzen und mit Salz abschmecken.

Die Sahne unterrühren, die Hitze auf niedrige Temperatur reduzieren und die Sauce 2 Minuten weiterköcheln lassen.

Das angebratene Fleisch dazugeben und in 1 bis 2 Minuten in der Sauce fertig garen. Das Butterhühnchen mit frischem Koriander bestreut servieren.

RESTE-GEFLÜGELSALAT

Für 2 Portionen

Das Wort »Salat« bedeutet hier wieder nicht eine Schüssel voller grüner Blätter mit Dressing, sondern ein köstliches Gemisch aus Hähnchenstreifen, Gemüse und cremiger Sauce. Das klingt vielleicht nicht gerade atemberaubend, ist aber meine Lieblingsmethode, übrig gebliebenes Hähnchenfleisch und andere Reste (keineswegs abwertend gemeint) zu verarbeiten. Man könnte das Ganze auch zur Perfektion gebrachte Studiküche nennen.

Das Hähnchenfleisch aus dem Kühlschrank nehmen und mit sauberen Händen oder zwei Gabeln in mundgerechte Stücke zupfen. Das Fleisch lässt sich leichter zupfen, wenn man mit der Faser, nicht quer zur Faser arbeitet *(siehe dazu auch S. 19)*.

Die Fleischstücke mit Frühlingszwiebelringen, Kapern, Knoblauch, Cranberrys, Petersilie, Joghurt, Mayonnaise, Dijonsenf und Olivenöl in eine Schüssel geben und mit einem Löffel »verschlagen« – d. h. nicht nur vermengen, sondern dabei auch Luft unterrühren, damit die Masse bindet. Nur so können sich Fett und Säure vereinen und dem Salat zu einer dicken, cremigen Konsistenz verhelfen. Mit Salz und Pfeffer würzen.

Die unteren Hälften der Burgerbrötchen mit je 2 Kopfsalatblättern belegen und den Geflügelsalat großzügig darauf verteilen. Je 2 Tomatenscheiben darauflegen und mit den oberen Hälften der Burgerbrötchen abschließen.

Tipp: *Bei diesem Rezept dreht sich alles um Schichten komplementärer Geschmäcker und Konsistenzen aus den einfachsten Zutaten. Die Mischung aus Joghurt, Mayonnaise, Senf und Olivenöl sorgt für Cremigkeit und hält die Einzelteile zusammen. Häufig kommt dabei nur Mayonnaise zum Einsatz, doch ist meine Version nicht nur kalorienärmer, sondern auch leichter verdaulich und hinsichtlich der Aromen deutlich komplexer.*

ZUTATEN

- 225 g kalte übrig gebliebene Unkomplizierte Hähnchenbrust *(Rezept siehe S. 25)* oder kaltes gekauftes Grillhähnchenfleisch
- 1 Frühlingszwiebel, in feine Ringe geschnitten
- 2 EL Kapern
- 1 Knoblauchzehe, abgezogen und fein gehackt
- 1 Handvoll getrocknete Cranberrys, grob gehackt
- 1 große Handvoll frische Petersilie, gehackt
- 60 g griechischer Joghurt
- 2 EL Mayonnaise
- 1 EL Dijonsenf
- 1 EL Olivenöl extra vergine
- Meer- oder Steinsalz
- schwarzer Pfeffer, frisch gemahlen
- 2 Burgerbrötchen, halbiert
- 4 Kopfsalatblätter
- 4 Tomatenscheiben, gesalzen

SCHARFE KIRSCHTOMATEN-PASTA

Für 2 Portionen

Dies ist eines der ersten Pastagerichte, die ich komplett selbst zubereitet habe, ja, ich kann sagen, es hat meine Pastaerfahrung revolutioniert. Seit diesem Gericht weiß ich, was man aus ein paar einfachen Zutaten alles machen kann – es glänzt gerade durch seine Schlichtheit, steckt voller Aromen und gibt sich doch bescheiden. Dabei bilden die Kirschtomaten wie von Zauberhand eine leichte, cremige Sauce. Wer noch nie Nudeln gemacht hat, sollte mit diesen anfangen, finde ich.

Die Nudeln in reichlich Salzwasser nach Packungsanleitung al dente garen. Etwa 240 Milliliter Kochwasser abmessen und aufbewahren, dann die Nudeln in ein Sieb abgießen.

Das Olivenöl in einem großen Topf bei mittlerer Temperatur erhitzen und Zwiebel, Knoblauch sowie Chili unter gelegentlichem Rühren 4 bis 5 Minuten darin andunsten, bis das Gemüse weich wird und zu duften beginnt.

Die Kirschtomaten dazugeben und großzügig mit Salz würzen. 1 Spritzer Wasser hinzufügen und den Topf mit einem Deckel verschließen. Nun geschieht das Unglaubliche: Während die Kirschtomaten garen, platzen sie auf und geben ihren Saft ab, der so zu einer Sauce wird. Das dauert etwa 6 bis 10 Minuten; in dieser Zeit sollten die Tomaten alle paar Minuten umgerührt werden.

Etwas aufbewahrtes Nudelkochwasser dazugeben, um die Sauce zu vervollständigen; ist sie noch zu dick, nach und nach weiteres Kochwasser angießen. Die Nudeln unterrühren und kurz erwärmen. Zum Schluss mit frischem Basilikum bestreuen.

Die Scharfe Kirschtomaten-Pasta mit geriebenem Parmesan bestreut servieren – ich mag sie allerdings lieber ohne Käse.

ZUTATEN

- 225 g Nudeln nach Wahl
- Meer- oder Steinsalz
- 1 EL Olivenöl extra vergine
- 1 Zwiebel, abgezogen und fein gewürfelt
- 2 Knoblauchzehen, abgezogen und zerdrückt
- 1 frische rote Chilischote, entkernt und in sehr feine Ringe geschnitten
- 450 g Kirschtomaten
- 20 g frisches Basilikum, grob gehackt
- Parmesan, gerieben, zum Bestreuen (optional)

SAHNIGE GEMÜSESUPPE

Für 4 Portionen

Es geht doch nichts über eine gute Suppe! Sie schenkt uns Wärme, Trost und das Gefühl von Geborgenheit. Und das ist ganz besonders bei dieser Suppe der Fall: Allein der Duft des Gemüses, das in Butter gart und dabei leicht röstet, versetzt mich immer in meine Kindheit zurück. Für dieses Gericht musst du nur ein wenig Gemüse schnippeln, aber mach keine Doktorarbeit daraus: Zum Schluss wird ohnehin alles mit dem Stabmixer püriert.

ZUTATEN

- 2 EL Butter
- 1 Zwiebel, abgezogen und gewürfelt
- 3 Knoblauchzehen, abgezogen
- 2 mittelgroße Karotten, gewürfelt
- 2 Pastinaken, geschält und gewürfelt
- 2–3 Kartoffeln, gewürfelt
- 2 Stangen Sellerie, gewürfelt
- Meer- oder Steinsalz
- 1,9 l Gemüsebrühe aus Resten *(Rezept siehe S. 23)* oder gekaufte Gemüsebrühe
- 260 g TK-Erbsen
- schwarzer Pfeffer, frisch gemahlen
- Sahne zum Garnieren (optional)
- frische Petersilie, fein gehackt, zum Garnieren
- Olivenöl zum Beträufeln
- Brot oder Naan-Brot zum Servieren

Die Butter in einem Schmortopf bei mittlerer Hitze zerlassen. Zwiebelwürfel und Knoblauchzehen hineingeben und unter gelegentlichem Rühren 2 bis 3 Minuten in der Butter andünsten, bis das Gemüse weich wird und zu duften beginnt.

Karotten, Pastinaken, Kartoffeln und Sellerie hinzufügen und großzügig mit Salz würzen. 5 bis 6 Minuten mitdünsten, dabei etwa alle 30 Sekunden umrühren. Das Gemüse soll leicht bräunen und garen, die Aromen sollen sich allmählich miteinander verbinden. Verbreitet sich in der Küche ein erdiger, buttriger Duft, ist das ein sehr gutes Zeichen.

So viel Gemüsebrühe angießen, dass das Gemüse vollständig bedeckt ist. Die Mischung zum Köcheln bringen und die Hitze auf niedrige Temperatur reduzieren. Das Gemüse 20 bis 25 Minuten in der Brühe köcheln lassen, bis es weich ist.

Die Mischung anschließend mit dem Stabmixer pürieren, die Suppe sollte glatt, cremig und eher dick sein.

Den Herd ausschalten. Die gefrorenen Erbsen in die Suppe geben und einige Minuten darin ziehen lassen. Mit Salz und Pfeffer abschmecken.

Die Suppe mit Sahne sowie frischer Petersilie garnieren und mit etwas Olivenöl beträufeln. Mit warmem Naan- oder einem anderen Brot servieren.

Übrig gebliebene Suppe hält sich in einem luftdicht verschlossenen Behälter im Kühlschrank 3 bis 4 Tage.

GESÜNDERE »FRITTIERTE« CHICKEN WINGS

Für 2 Portionen

Okay, diese Chicken Wings sind technisch gesehen nicht frittiert – sie werden gebacken –, aber hab noch einen Augenblick Geduld mit mir und lass es mich erklären: Ich bin schon lange auf der Suche nach einer Möglichkeit, frittiertes Huhn kalorienärmer zu machen, denn es gehört für mich definitiv zur Kategorie Comfort Food. Und da die meisten Kalorien vom Frittierfett stammen, besteht die Herausforderung darin, das Huhn im Ofen ebenso knusprig hinzubekommen wie in der Fritteuse. Mit dieser Kombination aus schlichten Zutaten und ein paar Tricks ist mir das, denke ich, ganz gut gelungen: Der Mantel aus Mehl, Stärke, Backpulver und Salz sorgt auch ohne Frittierfett für ein herrlich knuspriges Äußeres.

Da das Rezept so einfach ist – es erfordert weder das Einlegen des Fleischs in Buttermilch noch das Panieren auf einer Reihe von Tellern –, eignet es sich auch für Tage, an denen der Terminkalender eigentlich schon voll ist. Sind die Chicken Wings im Ofen, bereite ich gern einen Joghurtdip *(siehe* Joghurtsauce und -dip mit Kräutern*, S. 26)* und manchmal noch einen frischen Tomatensalat als Beilage zu.

ZUTATEN

- 900 g Chicken Wings
- 1 EL Mehl
- 1 EL Speisestärke
- 2 TL Backpulver
- 2 TL Meer- oder Steinsalz
- 2 TL weißer Pfeffer, frisch gemahlen
- 2 TL geräuchertes Paprikapulver
- 2 TL getrockneter Thymian
- 2 TL Knoblauchpulver
- 2 TL Zwiebelpulver
- 1 TL gemahlener Ingwer
- 1 TL Senfpulver (optional)
- ½ TL Cayennepfeffer

Die Chicken Wings auf ein sauberes Backblech oder eine andere ebene Unterlage legen und mit Küchenpapier trocken tupfen. Das Fleisch sollte so trocken wie möglich sein, weil sich dies direkt auf die Knusprigkeit des fertigen Gerichts auswirkt. Man könnte auch sagen: Je trockener, desto besser. Die trocken getupften Chicken Wings in eine große Schüssel geben.

In einer kleinen Schüssel Mehl, Speisestärke, Backpulver, Salz, Pfeffer, Paprikapulver, Thymian, Knoblauchpulver, Zwiebelpulver, Ingwer, Senfpulver und Cayennepfeffer verrühren. Die Chicken Wings gleichmäßig mit der Mehl-Gewürz-Mischung bestreuen und sie anschließend mit sauberen Händen gründlich darin wenden.

Die Chicken Wings einzeln aus der Schüssel nehmen, überschüssige Panade sanft abklopfen und die Fleischstücke nebeneinander auf einen Ofenrost über einem sauberen Backblech legen. Dabei jeweils etwas Platz zwischen den Chicken Wings lassen.

Tipp: *Warum der Ofenrost? Weil er für mehr Luftzirkulation beim Backen der Chicken Wings sorgt, wodurch diese gleichmäßiger garen und – du ahnst es bestimmt schon – knuspriger werden!*

Der nächste Schritt ist optional, aber sehr zu empfehlen: Die auf dem Ofenrost verteilten Chicken Wings ohne Abdeckung mindestens 2 Stunden kühl stellen, damit Backpulver und Salz auf die Hähnchenhaut einwirken können. Dabei das Fleisch nach Möglichkeit in den unteren Teil des Kühlschranks legen, damit kein versehentlich herabtropfender Fleischsaft andere Lebensmittel kontaminieren kann. Der Zubereitungsschritt ist wie gesagt nicht unbedingt nötig, die Chicken Wings schmecken auch ungekühlt fantastisch – noch besser schmecken sie allerdings gekühlt. Den Backofen auf 180 °C (Gas Stufe 2–3) vorheizen.

Die Chicken Wings 25 Minuten im Ofen backen. Anschließend wenden und weitere 10 Minuten bzw. so lange backen, bis sie rundum gebräunt sind. Die Haut sollte goldbraun und die Chicken Wings sollten außen knusprig, aber nicht trocken sein.

SCHNELLES HUHN-CONGEE

Für 2 Portionen

Dieses Gericht habe ich im Rahmen meiner Rechercheaktion »Frühstück rund um den Globus« entdeckt. Der Reisbrei wird in vielen Gegenden Chinas traditionell zum Frühstück serviert und gehört zu den tröstlichsten Mahlzeiten, die ich je zubereitet habe. Das Congee macht nicht nur satt und wärmt das Herz, es ist obendrein auch noch preiswert. Reis an sich ist nicht teuer, zudem braucht man für viel Brei nur eine kleine Menge. Das Fleisch gart man mit der Resthitze des Breis, wodurch es unglaublich zart wird.

Das Hähnchenfleisch in mundgerechte Stücke schneiden, damit es im Reis später schneller gart. In eine mittelgroße Schüssel geben, Stärke, Sojasaucen, Sesamöl und Knoblauch dazugeben. Alles gründlich vermengen. Die Schüssel mit Klarsichtfolie bedecken und in den Kühlschrank stellen.

Für den Reisbrei 720 bis 1200 Milliliter Wasser (ich nehme 950 Milliliter) in einem großen Topf bei hoher Temperatur zum Kochen bringen. Den Brühwürfel hineingeben und so lange kochen lassen, bis er sich vollständig aufgelöst hat. Die Hitze auf mittlere Temperatur reduzieren und den abgespülten Reis einrühren. Anschließend den Topf teilweise bedecken und den Reis 25 Minuten köcheln lassen. Der Brei sollte in seiner Konsistenz an Haferbrei erinnern. Beim Kochen geben die Reiskörner Stärke ab und dicken den Brei so ein.

Ingwer sowie Frühlingszwiebelringe hinzufügen und den Brei mit Salz würzen. Den Topf wiederum teilweise bedecken und das Congee 10 Minuten weiterköcheln lassen.

Das Hähnchenfleisch in den köchelnden Brei rühren; dabei sicherstellen, dass die Stücke nicht aneinanderkleben. 4 bis 5 Minuten in dem Brei garen und das Congee anschließend mit frischem Koriander bestreut servieren.

ZUTATEN FÜR DAS HUHN UND DIE MARINADE

- 170 g Hähnchenkeule oder -brust ohne Knochen und ohne Haut (ich bevorzuge Hähnchenkeule)
- 1 TL Speisestärke
- 1 TL helle Sojasauce
- 1 TL dunkle Sojasauce
- 1 TL Sesamöl
- 1 Knoblauchzehe, abgezogen und fein gehackt

ZUTATEN FÜR DEN REISBREI

- 1 Brühwürfel für Hühnerbrühe
- 100 g Reis, abgespült
- 3–4 dünne Scheiben frischer geschälter Ingwer, in streichholzdünne Stifte geschnitten
- 1 Frühlingszwiebel, in Ringe geschnitten
- Meer- oder Steinsalz
- frischer Koriander zum Bestreuen

GANZ SCHNELLE TACOS

Für 2 Portionen

Bei mir zu Hause gibt es einmal in der Woche einen Taco-Abend, ich könnte gar nicht mehr ohne. Am schönsten sind die vielen Zutaten, die auf dem Tisch stehen und aus denen man auswählen kann. Sich seinen eigenen Taco aus verschiedenen Geschmäckern und Konsistenzen zusammenzustellen – am besten mit der oder dem Liebsten – macht einfach ungeheuer großen Spaß. Und schnell geht das Ganze auch noch – schneller als bei jedem Lieferservice oder Fast-Food-Taco. Ich rechne immer vier Tacos pro Person, aber du kannst die Menge natürlich an deinen Hunger anpassen.

Für die Tacos eine große Pfanne bei hoher Temperatur erhitzen und die Tortillas nacheinander in 10 bis 15 Sekunden pro Seite darin erwärmen. Sie dürfen hinterher ruhig einige dunkle Stellen haben. Die Tortillas mit einem sauberen Geschirrtuch bedecken und beiseitestellen.

Für das Rindfleisch die Hitze auf mittlere bis hohe Temperatur reduzieren. Etwas Olivenöl in die Pfanne geben und darin schwenken, damit es sich gut verteilt. Zwiebel und Knoblauch unter ständigem Rühren 1 bis 2 Minuten in dem Öl andünsten. Das Hackfleisch hinzufügen und mit dem Rücken eines Holzlöffels zerkrümeln. Mit Paprikapulver, Kreuzkümmel, Knoblauchpulver, Zwiebelpulver und Salz würzen. Das Fleisch unter gelegentlichem Rühren 7 bis 8 Minuten weiterbraten, bis es gar und leicht gebräunt ist. Die Hitze auf die niedrigste Temperatur reduzieren und das Fleisch zugedeckt in der Pfanne warm halten.

Für die Guacamole Avocados, Limettensaft, Tomaten und Knoblauch mithilfe einer Gabel in einer mittelgroßen Glasschüssel verrühren. Mit Salz würzen. Dabei nicht zu gründlich rühren – die Guacamole schmeckt am besten, wenn sie noch Avocado- und Tomatenstücke enthält.

Tortillas, Rindfleisch, Guacamole, Sauerrahm, Kopfsalatstreifen, Kidneybohnen, Zwiebeln, Koriander und Chilisauce auf den Tisch stellen, damit sich jeder seine Lieblingstacos selbst kreieren kann.

Mein persönlicher Number-one-Taco sieht so aus: Ich belege die Tortilla zuerst mit etwas Hackfleisch, beträufle es mit Chilisauce, schichte Guacamole, Kidneybohnen und Sauerrahm darauf und garniere das Kunstwerk zum Schluss mit frischem Koriander sowie eingelegten roten Zwiebeln. (Genau: Salat kommt bei mir nicht drauf, aber das kann jeder für sich selbst entscheiden.)

ZUTATEN FÜR DIE TACOS

8 kleine Weizentortillas (20 cm Ø)

ZUTATEN FÜR DAS RINDFLEISCH

Olivenöl zum Braten

½ Gemüsezwiebel, abgezogen und fein gewürfelt

2–3 Knoblauchzehen, abgezogen und fein gehackt

450 g Rinderhackfleisch

2 TL geräuchertes Paprikapulver

2 TL gemahlener Kreuzkümmel

1 TL Knoblauchpulver

1 TL Zwiebelpulver

Meer- oder Steinsalz

ZUTATEN FÜR DIE GUACAMOLE

2 Avocados, entsteint und gewürfelt

Saft von ½ Limette

1–2 Romatomaten, fein gewürfelt

1 Knoblauchzehe, abgezogen und fein gehackt

Meer- oder Steinsalz

ZUTATEN FÜR ANDERE FÜLLUNGEN

Sauerrahm

Kopfsalatstreifen

Kidneybohnen aus der Dose, abgegossen und abgespült

Eingelegte rote Zwiebeln *(Rezept siehe S. 24)*

frischer Koriander

Chilisauce

Kapitel 5

ZUM ABENDESSEN

Manchmal ist es einfach wunderbar, ein wenig zu entschleunigen und das Leben zu genießen. Meine Art, das zu tun, ist ein selbst gekochtes Abendessen. Versuch's doch auch mal damit!

DINNER FOR ONE

Der beste Schwarze-Bohnen-Burger, den du je gegessen hast 100

Das ultimative Huhn-Brokkoli-Wokgericht 103

Das Ramen-Upgrade 106

DATE NIGHT-REZEPTE

Selbst gemachte Gnocchi mit Erbsen und Walnüssen 108

Aglio e Olio e Cacio e Pepe 112

Süß-scharfe Tofunudeln 114

Risotto mit Röstgemüse 117

DER BESTE SCHWARZE-BOHNEN-BURGER, DEN DU JE GEGESSEN HAST

Für 1 Portion

Als ich diesen Burger das erste Mal zubereitete, war ich derart überrascht davon, wie gut er schmeckte, dass ich spontan schwor, nie wieder einen herkömmlichen Burger zu essen. (Dann aber wurde mir klar, dass in meinem Herzen durchaus Platz für zwei Arten von Burgern ist.) Dieser Burger hier ist anders: Der Patty aus schwarzen Bohnen ist außen knusprig und innen saftig, er macht satt, ist reich an Ballast- und anderen wertvollen Nährstoffen und wird durch die frischen Toppings ideal ergänzt. Zudem sind Bohnen preiswert und sollten unbedingt mehr gegessen werden – wozu dieser Burger aus Bohnen»fleisch« sicherlich beitragen wird. Die in der Zutatenliste angegebenen Mengen lassen sich leicht vervielfachen, wenn eine ganze Meute satt zu kriegen ist.

ZUTATEN FÜR DEN PATTY

- 200 g schwarze Bohnen aus der Dose, abgegossen und kalt abgespült
- 1 Ei (Größe L)
- ½ Schalotte, abgezogen und fein gewürfelt
- 2 Knoblauchzehen, abgezogen und fein gehackt
- 1 TL geräuchertes Paprikapulver
- 1 TL gemahlener Kreuzkümmel
- 1 TL getrockneter Thymian
- 1–2 EL Semmelbrösel
- 55 g Feta, zerkrümelt
- Meersalzflocken
- 1 EL neutrales Pflanzenöl

ZUTATEN FÜR DIE SAUCE

- 1 EL griechischer Joghurt
- 1 TL Chiliöl

WEITERE ZUTATEN

- 1 TL Butter
- 1 Burgerbrötchen, halbiert
- 1 mittelgroße Tomate
- Meer- oder Steinsalz
- 1 kleine Handvoll Rucola
- Eingelegte rote Zwiebeln *(Rezept siehe S. 24)* zum Garnieren

Den Backofen auf 180 °C (Gas Stufe 2–3) vorheizen und ein Backblech mit Backpapier belegen.

Für den Patty die Bohnen auf dem vorbereiteten Backblech verteilen und 20 Minuten im Ofen backen. Das Trocknen der Bohnen verhindert, dass der Burger später matschig wird.

In der Zwischenzeit für die Sauce Joghurt und Chiliöl in einer kleinen Schüssel verrühren. Anschließend mit Chiliöl abschmecken.

Während die Bohnen im Ofen trocknen, die weiteren Zutaten vorbereiten: Die Butter bei mittlerer Hitze in einer Pfanne zerlassen und die Burgerbrötchenhälften darin goldbraun rösten. 2 bis 3 Scheiben von der Tomate abschneiden und salzen.

Zum Fertigstellen des Pattys die getrockneten Bohnen in eine große Schüssel füllen und mit einer Gabel grob zerdrücken. (Mit einer Gabel deshalb, weil wir Unterschiede in der Konsistenz haben wollen, keine seidig glatte homogene Mischung.) Das Ei dazugeben und mit der Gabel untermengen. Schalotte, Knoblauch, Paprikapulver, Kreuzkümmel, Thymian und zunächst 1 Esslöffel Semmelbrösel unterkneten. Je nach gewünschter Konsistenz mehr Semmelbrösel dazugeben (kein Burger ist wie der andere). Die Mischung sollte formbar sein, aber nicht auseinanderfallen. Zum Schluss den Feta untermengen.

Die Mischung mit sauberen Händen zu 1 bis 2 tennisballgroßen und 2 Zentimeter dicken Burgern formen. Wenn es zwei Burger werden, entweder einen für später aufheben oder beide übereinanderstapeln. Den oder die Burger auf beiden Seiten mit Meersalzflocken bestreuen.

Das Öl bei mittlerer bis hoher Temperatur in einer Pfanne erhitzen und die Burger etwa 2 Minuten pro Seite goldbraun darin braten. Dabei vorsichtig mit einem Pfannenwender wenden.

Zum Fertigstellen des Schwarze-Bohnen-Burgers die Hälfte der Sauce auf der unteren Brötchenhälfte verteilen. Rucola, Tomatenscheiben sowie den Patty darauflegen. Mit der restlichen Sauce beträufeln und mit eingelegten roten Zwiebeln garnieren. Mit der oberen Brötchenhälfte abschließen.

DAS ULTIMATIVE HUHN-BROKKOLI-WOKGERICHT

Für 1 Portion

Das Wokgericht gehört zweifellos zu den wichtigsten Gerichten, die Hobbyköch*innen quasi auf der Pfanne haben sollten, denn hinter der simplen Technik stehen endlose Variationsmöglichkeiten, bei denen einem garantiert nie langweilig werden wird. Das Gericht hier ist eine meiner Lieblingsmethoden, um mehr Gemüse in meinen Alltag zu schmuggeln: Ich überlade es geradezu mit Brokkoli, Paprika sowie Frühlingszwiebeln und gebe manchmal sogar noch Spargel dazu. Huhn und Brokkoli gelten zwar als aromenneutrale Bodybuildingmahlzeit, doch kann man auf ihren Nährwertvorzügen geschmacklich ganz erstaunlich aufbauen. Du kannst das Gericht mit Reis oder Nudeln oder einfach pur genießen. Wie auch immer: Ab heute wirst du es bestimmt öfter zubereiten.

ZUTATEN FÜR DAS MARINIERTE HUHN

- 1 Hähnchenbrustfilet, in mundgerechte Stücke geschnitten
- 1 EL helle Sojasauce
- 1 EL Reisessig
- 1½ TL dunkle Sojasauce
- 1 TL Sesamöl
- 2 TL Speisestärke

ZUTATEN FÜR DIE SAUCE

- 1 EL helle Sojasauce
- 1 EL Austernsauce
- 1½ TL dunkle Sojasauce
- 2 TL Speisestärke

ZUTATEN FÜR DAS GEMÜSE

- Pflanzenöl zum Braten
- 70 g Brokkoli, in mundgerechte Stücke geteilt
- ½ Paprikaschote beliebiger Farbe, entkernt und in streichholzdünne Streifen geschnitten
- Meer- oder Steinsalz
- 1 Frühlingszwiebel, grob gehackt
- 2 Knoblauchzehen, abgezogen und in Scheiben geschnitten
- 1 EL fein gehackter frischer Ingwer
- ½ frische rote Chilischote, entkernt und in Ringe geschnitten

ZUTATEN ZUM GARNIEREN

- 1 EL Sesamsamen
- 1 Frühlingszwiebel, in feine Ringe geschnitten

Für das marinierte Huhn Hähnchenstücke, helle Sojasauce, Reisessig, dunkle Sojasauce, Sesamöl und Speisestärke in eine große Schüssel geben. Alles mit sauberen Händen gründlich vermengen, dabei die Marinade gut in das Fleisch einmassieren. Beiseitestellen und die Hähnchenstücke mindestens 15 Minuten in der Marinade ziehen lassen. In der Zwischenzeit die restlichen Zutaten vorbereiten.

Für die Sauce in einer kleinen Schüssel helle Sojasauce, Austernsauce, dunkle Sojasauce, Speisestärke und 60 Milliliter Wasser verrühren. Die Stärke wird dem fertigen Gericht die charakteristische Sämigkeit und den charakteristischen Glanz verleihen. Die Sauce beiseitestellen.

Für die marinierten Hähnchenstücke eine große Pfanne oder einen Wok bei hoher Temperatur erhitzen. 1 Esslöffel Öl hineingeben und darin schwenken. Das Fleisch dazugeben und unter Rühren 3 bis 4 Minuten braten, bis die Stücke gar sind. Anschließend auf einen Teller legen.

Für das Gemüse Brokkoli und Paprika in die heiße Pfanne oder den Wok geben. Mit etwas Salz würzen und unter Rühren 1 Minute braten. 1 Spritzer Wasser hinzufügen und Pfanne oder Wok mit einem Deckel verschließen. Das Gemüse zugedeckt weitere 5 Minuten garen, dabei von Zeit zu Zeit umrühren. Das Gemüse soll nur kurz garen, damit es seinen Biss behält. Auf einen zweiten Teller geben.

Noch etwas Öl in die Pfanne oder den Wok geben und anschließend Frühlingszwiebel, Knoblauch, Ingwer sowie Chili hinzufügen. Unter Rühren 2 Minuten braten, dabei darauf achten, dass die Aromaten nicht verbrennen.

Die Sauce angießen und unter ständigem Rühren 2 bis 3 Minuten erwärmen, bis sie einreduziert und andickt.

Fleisch und Gemüse wieder in die Pfanne oder den Wok geben. Die Hitze auf mittlere Temperatur reduzieren und alles noch einmal gründlich verrühren.

Zum Garnieren das Gericht mit Sesamsamen und Frühlingszwiebelringen bestreuen.

DAS RAMEN-UPGRADE

Für 1 Portion

Instant-Ramennudeln, Inbegriff der Low-Budget-Studiküche, haben einen schlechten Ruf: geschmacklich flach und nicht besonders nahrhaft. Ich jedoch habe Respekt vor ihnen und schätze sie aufgrund ihrer Schlichtheit und des nostalgischen Gefühls wegen, weshalb ich sie hier in ein völlig neues Gewand kleide. Dieses Gericht steckt voller Nährstoffe, und die Nudeln schmecken trotz minimalen Aufwands wie im gehobenen Restaurant.

Für die Sauce alle Zutaten mit 3 Esslöffel Wasser in einer kleinen Schüssel verrühren. Die Stärke wird dem fertigen Gericht die charakteristische Sämigkeit und den charakteristischen Glanz verleihen. Die Sauce beiseitestellen.

Die Ramennudeln nach Packungsanleitung gar kochen. Abgießen, kalt abspülen und ebenfalls beiseitestellen.

Das Pflanzenöl bei mittlerer bis hoher Temperatur in einem Wok oder einer großen Pfanne erhitzen. Knoblauch, Chili, Frühlingszwiebelstücke sowie Ingwer hineingeben und unter ständigem Rühren 2 Minuten braten, bis die Aromaten zu duften beginnen.

Die Pilze hinzufügen und unter Rühren 2 Minuten mitbraten; sie sollen etwas bräunen, nicht im eigenen Wasser gedämpft werden. Erbsen dazugeben und 1 Minute braten.

Die Sauce angießen und 2 bis 3 Minuten kochen, bis sie einreduziert und nur leicht eindickt – so können sich die Nudeln später besser mit ihr vollsaugen.

Die gegarten Nudeln in den Wok oder die Pfanne geben und die Hitze reduzieren. Die Nudeln mit der Sauce vermengen. Den Herd ausschalten, das Ei auf die Nudeln legen und halbieren. Das Gericht mit Sesamöl beträufeln und mit Frühlingszwiebelgrün sowie Koriander bestreut servieren.

ZUTATEN FÜR DIE SAUCE

- 1 EL helle Sojasauce
- 1 EL Austernsauce
- 1½ TL dunkle Sojasauce
- 1 TL Reisessig
- 1 TL Speisestärke

ZUTATEN FÜR DIE NUDELN

- 1 Packung Instant-Ramennudeln (85 g); das Gewürzpäckchen kann entsorgt werden
- 1 EL neutrales Pflanzenöl
- 2 Knoblauchzehen, abgezogen und fein gehackt
- 1 frische rote Chilischote, entkernt und in Ringe geschnitten
- 2 Frühlingszwiebeln, 1 diagonal in Stücke geschnitten und von 1 nur der grüne Teil in sehr feine Ringe geschnitten
- 1 TL fein gehackter frischer Ingwer
- 35 g Shiitakepilze, in Scheiben geschnitten
- 65 g TK-Erbsen
- 1 Ei (Größe L), weich gekocht *(siehe Eier kochen leicht gemacht, S. 22)*
- 1 TL Sesamöl
- frischer Koriander zum Bestreuen

SELBST GEMACHTE GNOCCHI MIT ERBSEN UND WALNÜSSEN

Für 2 Portionen

Wer Gnocchi kennt (und weiß, wie man sie korrekt ausspricht, nämlich *Njocki)*, weiß auch, dass ihre samtig weiche, plüschige Konsistenz genau das Richtige für einen Abend zu zweit ist. Und wer sie dann noch selbst zu machen versteht, beeindruckt das Gegenüber garantiert. Gnocchi selbst zu machen ist im Grunde gar nicht schwierig – es erfordert nur ein wenig Geduld und ein paar einfache Zutaten. Diese Gnocchi sind meine Version des klassischen Gerichts mit brauner Butter und Salbei.

ZUTATEN FÜR DIE GNOCCHI

- 2 gebackene mehlige Kartoffeln
- 1 Ei (Größe L), verquirlt
- 120 g Mehl + etwas mehr für die Arbeitsfläche
- 1 TL Meer- oder Steinsalz

ZUTATEN FÜR DIE BUTTER-SALBEI-SAUCE

- Salz
- 2 EL Butter
- 10–12 frische Salbeiblätter
- 65 g TK-Erbsen
- 1 kleines Bund frische Petersilie, grob gehackt
- 50 g Walnusskerne, fein gehackt
- Abrieb von ½ Bio-Zitrone
- Parmesan, frisch gerieben
- Meersalzflocken
- schwarzer Pfeffer, frisch gemahlen

Tipp: *Wer nicht zufällig übrig gebliebene gebackene Kartoffeln hat, backt ganz schnell frische. Dafür 2 Kartoffeln rundum mit einer Gabel einstechen und 45 bis 50 Minuten im 200 °C (Gas Stufe 3–4) heißen Ofen backen.*

2

4

1

3

Für die Gnocchi die gebackenen Kartoffeln schälen. In eine mittelgroße Schüssel geben und mit einer Gabel oder einem Kartoffelstampfer zu einer Masse mit feiner, luftiger Konsistenz zerdrücken (1).

Das verquirlte Ei unterrühren (2). Das Mehl darübersieben und das Salz dazugeben (3). Alles mit sauberen Händen zu einem knetbaren Teig vermengen.

Eine saubere Arbeitsfläche leicht mit Mehl bestäuben und den Teig darauflegen. Etwa 3 Minuten kneten, dabei zwischen Falten und Zusammendrücken abwechseln (4). Dabei darf es ruhig etwas ruppiger zugehen: Ich »werfe« den Teig zwischendurch immer wieder auf die Arbeitsfläche. Ist der Teig zu klebrig, etwas mehr Mehl unterkneten.

5

6

7

Den Teig in 4 Portionen teilen (5) und diese mit den Händen zu 40 bis 50 Zentimeter langen Strängen formen (6). Die Stränge mit einem scharfen Messer jeweils in 2 Zentimeter große Stücke schneiden (7).

Den Zeigefinger in Mehl tauchen und damit sanft Dellen in die Gnocchi drücken (8). Die Gnocchi noch einmal leicht mit Mehl bestäuben. Man kann sie bis zur Weiterverarbeitung auch im Kühlschrank aufbewahren oder sie in einen Zipbeutel geben und am nächsten Tag verwenden.

8

Zum Fertigstellen des Gerichts und für die Butter-Salbei-Sauce in einem großen Topf bei hoher Temperatur reichlich gesalzenes Wasser zum Kochen bringen. Die Gnocchi hineingleiten lassen und in dem Wasser garen – sie sind gar, wenn sie an der Wasseroberfläche schwimmen. Mit einem Spinnensieb oder Schaumlöffel herausfischen und in eine Schüssel geben. Das Kochwasser aufbewahren.

Die Butter in einer mittelgroßen Pfanne bei mittlerer Temperatur zerlassen und so lange erhitzen, bis sie schäumt. Die Salbeiblätter hineingeben und 4 bis 5 Minuten in der Butter rösten. Falls nötig, die Pfanne von Zeit zu Zeit schwenken, damit die Salbeiblätter nicht verbrennen. Die Butter soll bräunen, und die Salbeiblätter sollen knusprig werden. Dafür Pfanne und Temperatur stets im Auge behalten.

Hat die Butter eine dunkelgoldbraune Farbe, die Gnocchi in die Pfanne geben und gleichmäßig darin verteilen. Die Gnocchi 4 bis 6 Minuten in der braunen Butter braten, bis sie unten goldbraun und knusprig sind. Anschließend wenden.

Rund 60 Milliliter aufbewahrtes Kochwasser angießen und die Gnocchi in der Pfanne schwenken, bis sich eine etwas dickere Sauce bildet. Die Hitze auf niedrige Temperatur reduzieren und gefrorene Erbsen, Petersilie, Walnüsse, Zitronenschale und etwas Parmesan in die Pfanne geben. Die Mischung mit Meersalzflocken salzen und großzügig pfeffern. Noch einmal alles gründlich verrühren und die Erbsen etwa 2 Minuten in der Mischung garen.

Mit weiterem geriebenem Parmesan bestreuen, servieren und sich darauf gefasst machen, dass das Gegenüber begeistert ist.

AGLIO E OLIO E CACIO E PEPE

Für 2 Portionen

Achtung: Lasst das nicht eure italienischen Großmütter sehen, denn hier wage ich mich gleich auf das Terrain zweier traditioneller italienischer Gerichte vor: Aglio e Olio (Pasta mit Knoblauch und Olivenöl) und Cacio e Pepe (Pasta mit Käse und Pfeffer). Ich finde allerdings, dass meine Kreation nicht nur einen lustigen Namen hat, sondern auch noch fantastisch schmeckt. Wir nehmen dafür die Kernzutaten der beiden berühmten Ausgangsgerichte und verbinden sie auf eine neue käsige, knoblauchige, pfeffrige, kurzum: leckere Art. Ich würde empfehlen, für dieses Gericht in eine qualitativ hochwertigere Pasta zu investieren, das lohnt sich geschmacklich unbedingt. Die Zubereitung erfordert etwas Timing, lässt sich mit ein wenig Übung aber meistern.

ZUTATEN

- Salz
- 170 g Spaghetti
- 3 EL Olivenöl extra vergine
- 1 EL ganze schwarze Pfefferkörner
- 2 Knoblauchzehen, abgezogen und in feine Scheiben geschnitten
- 1 frische rote Chilischote, entkernt und in Ringe geschnitten
- 60 g Pecorino Romano, frisch gerieben
- 1 großes Bund frische Petersilie, grob gehackt
- schwarzer Pfeffer, frisch gemahlen (optional)

Als Erstes in einem mittelgroßen Topf großzügig gesalzenes Wasser bei hoher Temperatur zum Kochen bringen. Die Spaghetti hineingeben und in etwa 8 Minuten fast al dente garen. Dabei ab der 6. Minute probieren, ob die Nudeln schon so weit sind.

Tipp: *Der Topf sollte nur so viel Wasser enthalten, dass die Nudeln gerade bedeckt sind. Weniger Wasser bedeutet mehr Stärke, und das wiederum bedeutet eine glänzendere, dickere Sauce.*

Sind die Spaghetti im Wasser, das Olivenöl in eine Pfanne geben und bei mittlerer Temperatur erhitzen. Die Pfefferkörner im Mörser grob zerstoßen oder in der Pfeffermühle grob mahlen und zum heißen Öl geben. Knoblauch sowie Chili hinzufügen und 3 bis 4 Minuten im Öl dünsten. Da Knoblauch und Chili nicht scharf angebraten werden sollen, die Hitze auf niedrige Temperatur reduzieren, wenn es in der Pfanne zu heiß wird. Die Mischung rühren, bis die Nudeln fast al dente sind (sie garen später in der Pfanne fertig).

Ist die Pasta so weit, die Hitze unter der Pfanne mit dem Öl wieder auf mittlere Temperatur erhöhen. 1 Schöpfkelle Nudelkochwasser vorsichtig in die Pfanne gießen. Die Spaghetti mit einer Zange aus dem Wasser heben und ebenfalls in die Pfanne geben. Mit Käse bestreuen und sofort alles kräftig verrühren. So soll sichergestellt werden, dass eine dicke, homogene Sauce ohne Käseklumpen entsteht. Weitere Schöpfkellen Nudelkochwasser dazugeben und die Sauce dann einreduzieren lassen, bis die Pasta al dente ist. Das dauert insgesamt 2 bis 3 Minuten.

Nun die Konsistenz der Sauce prüfen: Ist sie zu trocken? Dann weiteres Nudelkochwasser angießen. Ist sie zu dünn? Dann unter ständigem Rühren etwas länger kochen lassen.

Tipp: *Die Sauce sollte eher etwas dünner sein, da sie auf dem Teller noch fester wird.*

Die frische Petersilie unter die Nudeln rühren. Das Aglio e Olio e Cacio e Pepe auf zwei Teller verteilen und für den Extrakick mit frisch gemahlenem schwarzem Pfeffer bestreuen.

SÜSS-SCHARFE TOFUNUDELN

Für 2 Portionen

Nudeln für ein Date? Ich bin dabei. Dieses vegetarische Gericht steckt voller süßer Knoblauch- und Umami-Aromen und wird durch eine herrliche Schärfe abgerundet. Die glänzende Sauce ummantelt knusprige, luftige Tofuhappen, die auf einem Bett aus leichten und doch sättigenden Reisnudeln ruhen.

Für die Sauce alle Zutaten mit 1 Esslöffel Wasser in einer kleinen Schüssel verrühren. Beiseitestellen.

Für den Tofu und die Nudeln die Reisnudeln nach Packungsanleitung garen. Abgießen und unter kaltem Wasser abspülen, damit sie nicht zusammenkleben. Ebenfalls beiseitestellen.

Tofu, Salz und Speisestärke in eine Schüssel geben. Den Tofu in Salz und Speisestärke wenden, bis er rundum bedeckt ist. So wird er beim Braten schön knusprig.

Das Öl in einer großen Pfanne oder einem Wok bei mittlerer bis hoher Temperatur erhitzen. Den Tofu hineingeben und dabei sicherstellen, dass die Würfel nebeneinanderliegen. In 3 bis 4 Minuten ohne zu rühren goldbraun in dem Öl braten. Vorsichtig wenden und auch auf der anderen Seite 3 bis 4 Minuten braten. Auf einen Teller geben.

Chili, Zwiebel, Knoblauch sowie die Hälfte der Frühlingszwiebelringe in die Pfanne oder den Wok geben. Bei Bedarf noch etwas Öl hinzufügen. Die Aromaten unter Rühren etwa 2 Minuten braten, bis sie zu duften beginnen; anschließend die Sauce angießen. In 1 Minute etwas einreduzieren lassen, dann den Tofu und die Nudeln in die Pfanne oder den Wok geben und alles gründlich verrühren. Bei Bedarf ein wenig Wasser unterrühren.

Mit Sesamöl beträufeln, mit Sesamsamen bestreuen und mit den restlichen Frühlingszwiebelringen garnieren.

ZUTATEN FÜR DIE SAUCE

- 2 EL helle Sojasauce
- 2 EL Honig
- 1 EL Reisessig
- 2 TL Speisestärke

ZUTATEN FÜR DEN TOFU UND DIE NUDELN

- 115 g Reisnudeln
- 230 g extrafester Tofu, in mundgerechte Würfel geschnitten
- 1 TL Meer- oder Steinsalz
- 2 EL Speisestärke
- 2 EL Pflanzenöl
- 2 frische rote Chilischoten, entkernt und in Ringe geschnitten
- ½ rote Zwiebel, abgezogen und fein gewürfelt
- 4 Knoblauchzehen, abgezogen und fein gehackt
- 2 Frühlingszwiebeln, diagonal in Ringe geschnitten
- geröstetes Sesamöl zum Beträufeln
- Sesamsamen zum Bestreuen

RISOTTO MIT RÖSTGEMÜSE

Für 2 Portionen

Meiner Erfahrung nach braucht es zu einem guten Risotto ein bisschen Technik und viel Geduld. Gemüse hineinzuschmuggeln steigert Geschmack und Nährwert gleichermaßen – wie man an diesem Risotto mit Röstgemüse sieht.

Den Backofen auf 180 °C (Gas Stufe 2–3) vorheizen und ein Backblech mit Backpapier belegen.

Für das Gemüse Tomaten, Paprika, Aubergine und Knoblauch auf dem Backblech verteilen. Mit Olivenöl beträufeln und mit Salz würzen. Das Gemüse 30 bis 35 Minuten im Ofen rösten, bis es weich ist. Anschließend in eine große Schüssel füllen und mit dem Stabmixer grob pürieren. Beiseitestellen.

Für das Risotto die Brühe bei mittlerer Hitze in einem kleinen Topf erwärmen.

Das Olivenöl in einem mittelgroßen Topf bei mittlerer Temperatur erhitzen. Die Zwiebel hineingeben und unter ständigem Rühren 2 Minuten in dem Öl sautieren, bis sie weich wird und zu duften beginnt.

Den Reis dazugeben und mit den Zwiebeln verrühren. Mit Weißwein ablöschen, dabei den Bratensatz vom Topfboden lösen. Die Flüssigkeit unter Rühren 1 Minute einreduzieren lassen, bis sich eine dicke Sauce bildet.

240 Milliliter heiße Brühe angießen. Mit einem Holzlöffel so lange rühren, bis der Reis den Großteil der Brühe aufgesogen hat. Nach und nach mehr Brühe angießen, etwa 120 Milliliter auf einmal, und dabei weiterrühren; erst weitere Brühe angießen, wenn der Reis die Flüssigkeit fast aufgesogen hat. So fortfahren, bis der Reis al dente ist.

Hat der Reis eine cremige Konsistenz angenommen, das pürierte geröstete Gemüse unterrühren. Frische Thymianblättchen ebenfalls unterrühren und mit Parmesan bestreut servieren.

ZUTATEN FÜR DAS GEMÜSE

- 280 g Kirschtomaten
- 2 rote Paprikaschoten, entkernt und in Streifen geschnitten
- 1 Aubergine, gewürfelt
- 3 Knoblauchzehen, abgezogen
- Olivenöl
- Meer- oder Steinsalz

ZUTATEN FÜR DAS RISOTTO

- 960 ml Gemüsebrühe
- 1 EL Olivenöl
- ½ rote Zwiebel, abgezogen und fein gewürfelt
- 145 g Risottoreis (Arborio)
- 1 Spritzer Weißwein
- frische Thymianblättchen
- Parmesan, frisch gerieben, zum Bestreuen

Kapitel 6

PASTA UND BOWLS

Irgendwie ist es gleichzeitig tröstlich und effizient, etwas Nährstoffreiches und Warmes aus einer Schale zu essen – vielfältige Zutaten, Farben und Konsistenzen vereinen sich hier in einem Gefäß, und obendrein kann man das Ganze auch noch auf der Couch genießen. Zudem ermöglicht es das Bowl-Format, kreativ zu sein und Spaß zu haben, was in meiner Welt beim Kochen und Essen letzten Endes ebenso wichtig ist wie alles andere.

PASTA

Pasta mit selbst gemachtem Pesto und Tomaten 120

Chicken-Fajita-Pasta 123

Cremige Pilzpasta 124

One-Pot-Pasta mit Huhn und Brokkoli 126

BOWLS

Preiswerte Poke Bowl mit Huhn 128

Üppige Tofu-Burrito-Bowl 131

Quinoa-Bowl mit reichlich Gemüse 135

Cremiges Kichererbsencurry 136

PASTA MIT SELBST GEMACHTEM PESTO UND TOMATEN

Für 2 Portionen

Knoblauch, Kräuter, köstlich – das sind die ersten drei Wörter, die mir einfallen, wenn ich an Pesto denke. Die klassische Mischung hat ihren Platz als eine der beliebtesten Pastasaucen ever mehr als verdient. Wenn ich Pesto selbst zubereite, halte ich es einfach. Ich werfe die Zutaten in die Küchenmaschine und lasse sie die Arbeit machen, während ich nur nach und nach Olivenöl dazugieße. Anschließend stelle ich das Pesto in den Kühlschrank, wo es sich bis zu 4 Tage hält, und verwende es für alles Mögliche, z.B. als Aufstrich für ein Tomatenbrot. Selbst gemachtes Pesto schmeckt unendlich viel besser als gekauftes. In diesem Gericht vermenge ich es nur mit etwas Nudelkochwasser, und fertig ist die Pastasauce!

Für das Pesto alle Zutaten – mit 6 Esslöffel Olivenöl beginnen – in die Küchenmaschine geben. Mixen, bis sich eine Paste bildet. Wird das Pesto dabei zu dick, bis zu 2 Esslöffel Olivenöl mehr dazugeben, um es etwas aufzulockern. Es soll allerdings zunächst noch keine glatte, samtige Sauce entstehen, das kommt später mit der Pasta. In einem verschlossenen Glas hält sich das Pesto im Kühlschrank bis zu 4 Tage.

Für die Pasta die Spaghetti in reichlich Salzwasser nach Packungsanleitung al dente garen.

Das Olivenöl in einer Pfanne bei mittlerer Temperatur erhitzen. Die Kirschtomatenhälften hineingeben und mit Salz sowie den Chiliflocken bestreuen. Die Tomaten in der Pfanne schwenken, damit sie rundum mit Öl und Gewürzen benetzt sind. Anschließend zugedeckt unter gelegentlichem Rühren 6 bis 8 Minuten dünsten, bis die Tomaten weich sind.

3 bis 4 gehäufte Esslöffel Pesto zu den Tomaten geben und eine großzügige Schöpfkelle voll Nudelkochwasser angießen. Das stärkehaltige Wasser sorgt für eine schöne sämige Sauce. Die Hitze unter der Pfanne auf mittlere bis niedrige Temperatur reduzieren. Sind die Nudeln gar, diese mit einer Zange in die Sauce heben, ohne dabei überschüssiges Wasser abzuschütteln (je mehr Stärke, desto besser). Die Pasta mit der Sauce verrühren.

Nun ist es Zeit fürs Abschmecken und Korrigieren. Es fehlt Salz? Salz hinzufügen. Es ist nicht »pestohaft« genug? Pesto hinzufügen. Die Sauce ist zu dick? Mehr Nudelkochwasser angießen. Sie ist zu flüssig? Noch ein wenig länger kochen lassen.

Am Ende wird ein ganz erstaunliches Pesto-Pasta-Gericht dabei herauskommen, das mit so viel Parmesan, wie du möchtest, bestreut und – wichtig! – gehackten Nüssen garniert werden kann (sie liefern herrlichen Crunch).

ZUTATEN FÜR DAS PESTO

70 g frische Basilikumblätter

1 Bund frische Petersilie

2 EL gehackte Cashew-, Walnuss- oder Pinienkerne, falls Letztere ins Budget passen

2–3 Knoblauchzehen, abgezogen und grob gehackt

25 g Parmesan, frisch gerieben

abgeriebene Schale von ½ Bio-Zitrone (optional, aber sehr zu empfehlen)

Meer- oder Steinsalz

6–8 EL hochwertiges Olivenöl extra vergine

ZUTATEN FÜR DIE PASTA

115 g Spaghetti

Meer- oder Steinsalz

1 EL Olivenöl

280 g Kirschtomaten, halbiert

1½ TL Chiliflocken

Parmesan, frisch gerieben, zum Bestreuen

gehackte Nüsse (was auch immer im Pesto verwendet wurde) zum Garnieren

CHICKEN-FAJITA-PASTA

Für 2 Portionen

Ich mache mir diese Pasta mit Huhn und schmelzigem Käse immer dann, wenn ich mich mit einem Teller herzhaften Genusses belohnen will. Es ist nicht gerade ein Gericht zum Abnehmen, enthält aber jede Menge Gemüse und Eiweiß, die es zumindest nahrhaft machen.

Die Nudeln nach Packungsanleitung in reichlich Salzwasser al dente garen. 120 Milliliter Nudelkochwasser abmessen und aufbewahren. Die Nudeln anschließend abgießen und abspülen.

Hähnchenbrustfiletstücke und Fajita-Gewürzmischung in eine Schüssel geben und gründlich vermengen.

Olivenöl in einer Pfanne bei mittlerer Temperatur erhitzen. Gewürztes Hähnchenfleisch hineingeben und in 4 bis 5 Minuten rundum in dem Öl anbraten. Anschließend auf einen Teller geben.

Bei Bedarf noch etwas Öl in die Pfanne geben und Zwiebelscheiben sowie rote und grüne Paprikastreifen hinzufügen. Mit Salz würzen. Alles zugedeckt 6 bis 7 Minuten dünsten, bis das Gemüse weich ist; dabei gelegentlich umrühren, damit es nicht anbrennt.

Mit Weißwein ablöschen, dabei den Bratensatz mit dem Pfannenwender vom Pfannenboden lösen. Das Tomatenmark in die Pfanne geben und unter das Gemüse rühren, anschließend die Sahne ebenfalls unterrühren. Die Hitze auf mittlere bis niedrige Temperatur reduzieren. Alles 1 bis 2 Minuten köcheln lassen, bis die Sauce leicht eindickt.

Nudeln, Fleisch sowie Käse in die Pfanne geben und alles noch einmal gründlich verrühren. Ist die Sauce zu dick, nach und nach das aufbewahrte Nudelkochwasser angießen. Die Pasta sollte am Ende cremig, sämig und geschmeidig sein. Mit frisch gemahlenem schwarzem Pfeffer bestreut servieren.

ZUTATEN

- 115 g lange Nudeln, z. B. Spaghetti, Linguine oder Bucatini
- Meer- oder Steinsalz
- 2 Hähnchenbrustfilets, in mundgerechte Stücke geschnitten
- 35 g Fajita-Gewürzmischung
- 1 EL Olivenöl
- 1 Gemüsezwiebel, abgezogen und in Scheiben geschnitten
- ½ rote Paprikaschote, entkernt und in Streifen geschnitten
- ½ grüne Paprikaschote, entkernt und in Streifen geschnitten
- 1 großzügiger Spritzer Weißwein, Hühnerbrühe oder Wasser
- 2 EL Tomatenmark
- 240 g Sahne
- 1 große Handvoll geriebener Gouda (optional, aber sehr zu empfehlen)
- schwarzer Pfeffer, frisch gemahlen

CREMIGE PILZPASTA

Für 2 Portionen

Können wir mal einen Augenblick innehalten und der Großartigkeit von Pilzen Respekt zollen? Die nachhaltigen und köstlichen Gewächse stecken voller Nährstoffe und sind obendrein noch ausgesprochen vielseitig. In diesem Pastagericht kommen ihre subtilen erdigen Aromen so richtig zur Geltung, die cremigen Tomaten verleihen ihnen den letzten Schliff. Pilzpasta ist leicht zuzubereiten, preiswert und sättigend. Zuerst habe ich sie ausschließlich mit einer hellen Sauce gemacht, doch dann habe ich herausgefunden, wie gut Tomaten dem Nudelgericht tun. Das Rezept hier ist momentan mein Lieblingsrezept.

Die Pilze in Scheiben schneiden. Die Scheiben müssen nicht besonders dünn sein – die Pilze schrumpfen in der Pfanne ohnehin zusammen. Einige kleinere Pilze ganz lassen. Was die Größe der Scheiben angeht, so gilt generell: Du hast die Kontrolle über deine Pilze, sie ist also ganz dir überlassen.

Reichlich Olivenöl in eine große Edelstahlpfanne geben und bei mittlerer bis hoher Temperatur erhitzen. Wer keine Edelstahlpfanne hat, nimmt eine andere, gibt aber etwas weniger Öl hinein. Die Pilze mit 1 großzügigen Prise Salz in die Pfanne geben und unter nur gelegentlichem Rühren 6 bis 8 Minuten in dem heißen Öl braten. Gegen Ende der Bratzeit sollten die Pilze beginnen, Flüssigkeit abzugeben. Dann sollten sie auch etwas stärker gerührt werden, damit sie gleichmäßig garen.

Den Knoblauch hinzufügen und 1 bis 2 Minuten mitdünsten, bis er weich ist und zu duften beginnt. Den Wein angießen und etwa 1 Minute einreduzieren lassen, bis sich eine dickere Sauce bildet.

Das Tomatenmark unterrühren. Alles 2 bis 3 Minuten köcheln lassen, damit sich das Aroma des Tomatenmarks entfalten kann. Nun mit dem Kochen der Nudeln beginnen.

Die Pasta in reichlich Salzwasser nach Packungsanleitung al dente garen.

In der Zwischenzeit die Sahne in die Sauce gießen und gründlich unterrühren. Mit Salz abschmecken; dabei vorsichtig sein, nachsalzen kann man später immer noch. Die Sauce bei mittlerer Hitze köcheln lassen, bis die Nudeln gar sind.

Die Nudeln mit einer Zange in die Sauce heben, ohne dabei überschüssiges Wasser abzuschütteln. Das Nudelkochwasser aufbewahren, falls noch etwas für die Sauce benötigt wird. Die Pasta mit Parmesan bestreuen und alles noch einmal gründlich vermengen. Falls die Sauce zu dick ist, etwas Nudelkochwasser unterrühren. Mit gehackter Petersilie und Pfeffer bestreut servieren.

ZUTATEN

- 225 g gemischte frische Pilze (oder bei Budgetknappheit auch nur 1 Sorte)
- Olivenöl zum Braten
- Meer- oder Steinsalz
- 3 Knoblauchzehen, abgezogen und fein gehackt
- 120 ml Weißwein, Hühnerbrühe oder Wasser
- 2 EL Tomatenmark
- 115 g Nudeln (ich empfehle Tagliatelle)
- 120 g Sahne (wer mag, nimmt fettreduzierte)
- 25 g Parmesan, frisch gerieben
- 1 große Handvoll frische Petersilie, gehackt
- schwarzer Pfeffer, frisch gemahlen

ONE-POT-PASTA MIT HUHN UND BROKKOLI

Für 2 Portionen

Diese One-Pot-Pasta im Risottostil ist eine tolle Möglichkeit, mehr Eiweiß und Gemüse in den täglichen Speiseplan einzubauen. Wenn du schon Pastarezepte aus diesem Kapitel ausprobiert hast, wirst du feststellen, dass dieses anders ist: Die Nudeln werden in weniger Flüssigkeit gegart, die dabei so lange einreduziert wird, bis eine Pastasauce entstanden ist (ähnlich wie beim Risotto). Das funktioniert, weil die Nudeln beim Garen ihre Stärke abgeben, die für die Sauce benötigt wird. Das klingt jetzt vielleicht kompliziert, ist es aber nicht – du musst dich, wiederum wie beim Risotto, nur auf das Rühren konzentrieren, denn nur so kannst du den magischen Prozess in Gang setzen (ja, Wissenschaft ist magisch!).

ZUTATEN

- 720–960 ml Hühnerbrühe
- 1 mittelgroßer Kopf Brokkoli
- 2 EL Olivenöl
- 225 g Hähnchenfleisch, gehackt
- Meer- oder Steinsalz
- schwarzer Pfeffer, frisch gemahlen
- 2–3 Knoblauchzehen, abgezogen und in Scheiben geschnitten
- 1 frische rote Chilischote, entkernt und in Ringe geschnitten
- 115 g Nudeln (ich verwende gern Orecchiette)
- 25 g Parmesan, frisch gerieben
- 1 Bund frische Petersilie, gehackt
- abgeriebene Schale und Saft von ½ Bio-Zitrone

Die Hühnerbrühe in einem kleinen Topf bei niedriger Temperatur erhitzen und anschließend warm halten.

In der Zwischenzeit den Brokkoli in mundgerechte Stücke teilen.

Tipp: *Den Brokkolistrunk kann man wunderbar für die Gemüsebrühe aus Resten* (Rezept siehe S. 23) *oder fein gehackt für Wokgerichte verwenden.*

Ich benutze für die Zubereitung des Gerichts meist einen Schmortopf, jeder andere tiefe Topf oder eine tiefe Pfanne wie etwa ein Wok tut es jedoch auch. Den Topf bei mittlerer bis hoher Temperatur erhitzen und 1 Esslöffel Olivenöl darin schwenken. Das gehackte Hähnchenfleisch hineingeben und dieses mit Salz sowie Pfeffer würzen. Das Fleisch 3 bis 4 Minuten in dem Öl anbraten, dabei mit einem Holzlöffel oder Spatel nicht allzu fein zerkrümeln. Das Fleisch soll lediglich etwas bräunen und durchgegart, nicht mehr rosa sein. Das Fleisch in eine Schüssel füllen.

Den Topf wieder auf mittlere bis hohe Temperatur erhitzen und das restliche

Olivenöl hineingeben. Knoblauch sowie Chili hinzufügen und unter Rühren 1 Minute in dem Öl dünsten.

Den Brokkoli dazugeben und 3 bis 4 Minuten mitbraten; er soll am Ende noch knackig sein. (Wer es schafft, ihn dabei etwas zu bräunen, bekommt Bonuspunkte.) Das Gemüse zum Hähnchenfleisch in der Schüssel geben.

Die Hitze auf mittlere Temperatur reduzieren und die Nudeln in den Topf geben. Anschließend so viel heiße Hühnerbrühe angießen, dass die Nudeln knapp bedeckt sind. 10 Minuten garen, dabei etwa alle 30 Sekunden umrühren, damit die Nudeln ihre Stärke abgeben und diese in der Flüssigkeit verteilt wird. Die Pasta soll am Schluss al dente und aus der Flüssigkeit soll eine Sauce geworden sein. Wirkt das Ganze zu trocken, mehr Brühe angießen.

Sind die Nudeln gar, die Hitze reduzieren und Parmesan, Petersilie, Zitronenschale, Zitronensaft sowie Fleisch und Brokkoli unterrühren. So lange rühren, bis die Nudeln von einer dicken, homogenen Sauce umhüllt sind. Mit Salz sowie Pfeffer abschmecken und servieren.

PREISWERTE POKE BOWL MIT HUHN

Für 1 Portion

Poke Bowls – Poke ist ein Fischsalat – stammen ursprünglich aus Hawaii, erfreuen sich mittlerweile aber internationaler Beliebtheit als gesunde Alternative zu anderem Essen zum Mitnehmen. Ich liebe Poke Bowls, denke mir aber jedes Mal, wenn ich mir eine in einem Lokal gönne, dass sie einfach lächerlich teuer sind. Und so habe ich die Poke Bowl zu Hause »nachgebastelt« – ebenso lecker, aber zu einem Bruchteil des Preises. Meine Poke Bowl ist zwar nicht authentisch – sie enthält nicht mal Fisch –, doch hatte ich bei ihrer Kreation das Poke-Bowl-Format im Hinterkopf.

ZUTATEN FÜR DAS HUHN

- 1 Hähnchenbrustfilet
- 2 EL helle Sojasauce
- 2 TL Reisessig
- 1 TL geröstetes Sesamöl
- 1 Frühlingszwiebel, gehackt
- 2 Knoblauchzehen, abgezogen und fein gehackt
- ½ frische rote Chilischote, entkernt und fein gehackt

ZUTATEN FÜR DIE BOWL

- 150 g Sushireis
- 3 TL Pflanzenöl
- 130 g TK-Erbsen
- 1 Knoblauchzehe, abgezogen und fein gehackt
- 1 TL Chiliflocken
- 1 Handvoll frischer Koriander, gehackt
- 1 Spritzer Zitronensaft, frisch gepresst
- 1 Handvoll eingelegte Karotten *(siehe* Eingelegtes Gemüse, *S. 24)*
- ¼ Salatgurke, gewürfelt und großzügig gesalzen
- 3 Stangen Surimi, in mundgerechte Stücke geschnitten

ZUTATEN FÜR DAS DRESSING

- 2 EL Mayonnaise
- 1 TL Wasabipaste
- 1 Spritzer Zitronensaft, frisch gepresst

Für das Huhn das Fleisch in mundgerechte Würfel schneiden und diese in einen kleinen Aufbewahrungsbehälter füllen. Sojasauce, Reisessig, Sesamöl, Frühlingszwiebel, Knoblauch sowie Chili dazugeben und alles gründlich vermengen, bis das Fleisch rundum von der Marinade bedeckt ist. Den Behälter verschließen und bis zur Weiterverwendung oder bis zu 1 Tag in den Kühlschrank stellen.

Für die Bowl den Reis in ein feinmaschiges Sieb geben, gut abspülen und anschließend nach Packungsanleitung gar kochen. Wer einen Reiskocher besitzt, verwendet den: Dafür den Reis mit der gleichen Menge Wasser hineingeben, den Reiskocher einschalten, und das war's. Wenige Minuten später steht perfekt gekochter Reis auf dem Tisch.

Während das Fleisch in der Marinade zieht und der Reis vor sich hin kocht, die restlichen Zutaten vorbereiten.

Für das Dressing in einer Schüssel Mayonnaise, Wasabipaste und Zitronensaft mit 1 bis 2 Teelöffel Wasser verrühren.

In einer großen Pfanne bei mittlerer bis hoher Temperatur 1½ Teelöffel Pflanzenöl erhitzen. Die gefrorenen Erbsen hineingeben und 1 bis 2 Minuten in dem Öl garen. Knoblauch, Chiliflocken, Koriander sowie Zitronensaft unterrühren. Die Mischung in eine Schüssel füllen und die Hitze wieder auf mittlere bis hohe Temperatur bringen.

Das restliche Pflanzenöl in der Pfanne erhitzen. Das Fleisch aus der Marinade nehmen, dabei überschüssige Marinade abtropfen lassen. Die Hähnchenwürfel 4 bis 5 Minuten in dem Öl braten, dabei gelegentlich wenden, damit das Fleisch gleichmäßig gart.

Zum Fertigstellen der Bowl den Reis in eine Schale füllen und Erbsen, Fleisch, eingelegte Karotten, Gurkenwürfel sowie Surimistücke nach Belieben darauf verteilen. Mit Dressing beträufeln, und fertig ist die köstliche Mahlzeit!

ÜPPIGE TOFU-BURRITO-BOWL

Für 1 Portion

Als Europäer, der nie in den Staaten war, war ich immer schon sehr neugierig auf Restaurants wie das Chipotle. Ich sah ihre Burritos und Bowls überall im Internet und speicherte sie an diesem merkwürdigen Ort in meinem Kopf ab: unter »Essen, das ich gern einmal probieren würde«. Eines Tages allerdings wurde mir klar, dass ich sie einfach selbst machen kann, und das vermutlich auch noch besser und gesünder. Mein Protein der Wahl für diese Bowl ist Tofu, den du ohne Weiteres z. B. durch Hähnchenbrust ersetzen kannst.

ZUTATEN FÜR DEN REIS

- 100 g Reis
- 1 EL Olivenöl
- 1 kleines Bund frischer Koriander, gehackt
- Meer- oder Steinsalz
- abgeriebene Schale und Saft von ½ Bio-Limette

ZUTATEN FÜR DEN TOFU

- 1½ EL Olivenöl
- 115–170 g fester Tofu
- 1 TL geräuchertes Paprikapulver
- 1 TL gemahlener Kreuzkümmel
- 1 TL Knoblauchpulver
- 1 TL Zwiebelpulver
- ¼ TL Cayennepfeffer
- Meer- oder Steinsalz

ZUTATEN FÜR DIE SCHWARZEN BOHNEN

- 1 EL Olivenöl
- 115 g schwarze Bohnen aus der Dose, abgegossen, nicht abgespült
- 2 Knoblauchzehen, abgezogen und fein gehackt
- 1 TL gemahlener Kreuzkümmel
- 1 TL geräuchertes Paprikapulver
- Meer- oder Steinsalz

ZUTATEN FÜR DIE MAISSALSA

- 80 g frische Maiskörner oder Maiskörner aus der Dose
- 1 Romatomate, gewürfelt
- ½ Zwiebel, abgezogen und fein gewürfelt
- Meer- oder Steinsalz

ZUTATEN ZUM SERVIEREN (OPTIONAL)

- Guacamole *(Rezept siehe* Ganz schnelle Tacos, *S. 98)*
- 1 EL Sauerrahm oder griechischer Joghurt oder eine vegane Alternative
- Chilisauce

Puh – mir ist durchaus klar, dass dich die Menge der Zutaten wahrscheinlich etwas einschüchtern wird, aber vertrau mir: Das Ganze ist nicht so schwierig, wie es aussieht. Es gibt viel zusammenzustellen, aber nicht viel zu kochen.

Zuerst den Reis in ein feinmaschiges Sieb geben und gründlich abspülen, anschließend nach Packungsanleitung garen. Wer einen Reiskocher besitzt, verwendet den: Dafür den Reis mit der gleichen Menge Wasser hineingeben, den Reiskocher einschalten, und das war's. Wenige Minuten später steht perfekt gekochter Reis auf dem Tisch. Den Reis in eine Schüssel füllen und mit Olivenöl, Koriander und Salz sowie Limettenschale und Limettensaft zu einem herrlich aromatischen Koriander-Limetten-Reis vermengen.

Für den Tofu in einer Pfanne bei mittlerer Temperatur 1 Esslöffel Olivenöl erhitzen. Den Tofu mit sauberen Händen in die Pfanne krümeln – die Stücke müssen nicht gleich groß werden. Den Tofu in dem Öl wenden und anschließend 6 bis 8 Minuten unter gelegentlichem Rühren darin braten, bis er knusprig wird. Das restliche Olivenöl dazugeben und den Tofu noch einmal wenden.

Mit Paprikapulver, Kreuzkümmel, Knoblauchpulver, Zwiebelpulver, Cayennepfeffer sowie Salz bestreuen. Alles gut verrühren und den Tofu 3 bis 4 Minuten weiterbraten, bis er hellbraun und knusprig ist.

Für die schwarzen Bohnen das Olivenöl bei mittlerer Temperatur in einem Topf erhitzen. Die schwarzen Bohnen zugeben und unter ständigem Rühren 3 bis 4 Minuten in dem Öl braten, bis der Großteil der Flüssigkeit verdampft ist und die Bohnen aufzubrechen beginnen. Knoblauch, Kreuzkümmel, Paprikapulver und Salz unterrühren.

Für die Maissalsa Maiskörner sowie Tomaten- und Zwiebelwürfel in eine mittelgroße Schüssel geben und mit einem Löffel vermengen. Mit Salz würzen.

Zum Servieren den Koriander-Limetten-Reis mittig in eine Schale füllen und Tofu, schwarze Bohnen sowie Maissalsa um den Reis herum anrichten. Etwas Guacamole sowie 1 Klecks Sauerrahm daraufgeben, mit Chilisauce beträufeln und genießen.

QUINOA-BOWL MIT REICHLICH GEMÜSE

Für 2 Portionen

Dies ist vielleicht das Rezept für das frischste Gericht mit dem meisten Gemüse, das sich in diesem Buch finden lässt. Es besteht aus gesunden Körnern, geröstetem und rohem Gemüse sowie vielschichtigen Aromen, Konsistenzen und Nährstoffen. Es lässt sich gut auf Vorrat zubereiten und hält sich im Kühlschrank 3 bis 4 Tage – so hat man fast die ganze Woche eine köstliche Beilage oder ein leckeres Hauptgericht zur Hand. Die Bowl gehört zu der Art Essen, das mich den ganzen Tag lang glücklich macht.

Den Backofen auf 200 °C (Gas Stufe 3–4) vorheizen und ein Backblech mit Backpapier belegen.

Den Brokkoli in mundgerechte Stücke teilen und diese in eine große Schüssel geben.

Tipp: *Den Brokkolistrunk kann man wunderbar für die Gemüsebrühe aus Resten (Rezept siehe S. 23) oder fein gehackt für Wokgerichte verwenden.*

Süßkartoffelstücke und Zwiebelscheiben zum Brokkoli in die Schüssel geben. Mit 2 Esslöffel Olivenöl beträufeln und mit 1 großzügigen Prise Salz bestreuen.

Alles gründlich vermengen und anschließend gleichmäßig auf dem vorbereiteten Backblech verteilen. Die Schüssel aufbewahren. Das Gemüse 20 bis 25 Minuten im Ofen rösten, bis es weich und leicht gebräunt ist (es darf ruhig hier und da ein paar dunkle Stellen aufweisen).

In der aufbewahrten Schüssel gegarte Quinoa, geröstetes Gemüse, Kirschtomaten, Petersilie, Walnüsse, Zitronensaft und das restliche Olivenöl vermengen. Mit Salz abschmecken und mit Pfeffer würzen. Wer es säuerlicher mag, fügt noch etwas Zitronensaft hinzu.

ZUTATEN

- 1 mittelgroßer Kopf Brokkoli
- 1 große Süßkartoffel, ungeschält in mundgerechte Stücke geschnitten
- 1 Zwiebel, abgezogen und in Scheiben geschnitten
- 3 EL Olivenöl
- Meer- oder Steinsalz
- 370 g gegarte Quinoa
- 150 g Kirschtomaten, geviertelt
- 1 großes Bund frische Petersilie, gehackt
- 60 g Walnusskerne, gehackt
- Saft von ½ Zitrone
- schwarzer Pfeffer, frisch gemahlen

Kapitel 7

PARTY-MUST-HAVES

Eine Party ohne Essen ist wie mein Vorratsschrank ohne sieben verschiedene Bohnensorten: unvollständig und traurig. Die folgenden Rezepte machen dich bei deinen Gästen noch beliebter.

FÜR EIN VOLLES HAUS

Die perfekten Smash Burger 140

Schwarze-Bohnen-Tacos ohne Schnickschnack 143

Scharfe Quesadillas mit viel Käse 146

FINGER FOOD

Buffalo-Blumenkohl-Bites 148

Hähnchensticks aus dem Ofen 151

Kartoffelspalten mit Parmesankruste 152

Meine Lieblings-Gemüseküchlein 155

DIE PERFEKTEN SMASH BURGER

Für 4 Portionen

Dieses Gericht bereite ich wohl am häufigsten zu, wenn ich Gäste habe und nicht allzu aufwendig kochen möchte. Hierbei kann nach Lust und Laune improvisiert werden: Solange man sich an bestimmte Grundtechniken hält, wird das Ergebnis immer top sein. Die Burger werden bei hoher Temperatur gebraten und dabei flach gedrückt, um die Garoberfläche zu vergrößern und eine leckere Kruste zu erzeugen. Die angegebenen Mengen können je nach Anzahl der Gäste problemlos verdoppelt oder verdreifacht werden. Viel Spaß!

Smash Burger schmecken am besten frisch und heiß. Deshalb solltest du alle Zutaten bereitstellen, bevor du loslegst.

Für die Sauce alle Zutaten in einer kleinen Schüssel gründlich verrühren.

Für die Burger eignet sich am besten eine gusseiserne Pfanne, eine Pfanne aus Edelstahl oder eine Grillpfanne. Bei einer beschichteten Pfanne nimmt man etwas weniger Öl.

Die Pfanne bei mittlerer bis hoher Temperatur erhitzen und die Butter darin zerlassen. Die Zwiebeln hineingeben, mit etwas Salz bestreuen und unter gelegentlichem Rühren 4 Minuten in der Butter braten, bis sie gut gebräunt sind. Anschließend auf einen Teller geben.

Die Hitze unter der Pfanne wieder auf mittlere bis hohe Temperatur bringen und die Brötchenhälften mit der Schnittfläche nach unten hineinlegen. 1 bis 2 Minuten rösten und aus der Pfanne nehmen; die Hitze auf hohe Temperatur erhöhen.

Das Hackfleisch in 4 Portionen à 115 Gramm teilen und jede Portion zu einer Kugel formen. Die Kugeln oben mit Salz bestreuen. Großzügig Olivenöl in die Pfanne gießen und bis zum Rauchpunkt erhitzen. Das Fleisch mit der gesalzenen Seite nach unten hinein-

ZUTATEN FÜR DIE SAUCE

- 120 ml Mayonnaise
- 1 EL Senf
- 1 EL Ketchup
- 1 EL fein gehackte Gewürzgurke
- ½ Zwiebel, abgezogen und fein gehackt
- 1 TL Limettensalz
- 1 TL schwarzer Pfeffer, frisch gemahlen
- ½ TL Meer- oder Steinsalz

ZUTATEN FÜR DIE BURGER

- 1 EL Butter
- 2 Zwiebeln, abgezogen und gewürfelt
- Meer- oder Steinsalz
- 4 Brioches oder Kartoffel-Burgerbrötchen, halbiert
- 460 g mageres Rinderhackfleisch
- Olivenöl zum Braten
- 4 Scheiben Cheddar
- Kopfsalatstreifen zum Bestreuen
- 1 große Tomate, in Scheiben geschnitten und gesalzen
- Gewürzgurkenscheiben zum Belegen

legen. Die Kugeln mit einem breiten Pfannenwender flach drücken; dabei sollte ein heftiges Brutzeln zu hören sein – ein gutes Zeichen!

Tipp: *Mehr Druck kann man ausüben, wenn man den Pfannenwender mit einem Löffelstiel nach unten drückt.*

Die Burger großzügig mit Salz würzen und zwischen 90 Sekunden und 2 Minuten ohne zu wenden in dem Öl braten. Die Burger anschließend mit dem Pfannenwender wenden; dabei so viel Bratensatz wie möglich lösen (darin stecken die meisten Aromen). Sofort mit je 1 Scheibe Cheddar belegen und die Burger auch auf der anderen Seite braten, bis der Käse schmilzt.

Etwas Sauce in den unteren Brötchenhälften verteilen und mit Kopfsalatstreifen bestreuen. Den Cheeseburger daraufgeben, mit mehr Sauce beträufeln und mit Tomaten- sowie Gewürzgurkenscheiben und gebräunten Zwiebeln belegen. Mit der oberen Brötchenhälfte abschließen.

SCHWARZE-BOHNEN-TACOS OHNE SCHNICKSCHNACK

Für 4 Portionen

Meiner Erfahrung nach macht allein schon das Wort »Taco« alle glücklich, weshalb ich mir auch kein besseres Gericht für eine große Gruppe von Freund*innen vorstellen kann als dieses. Die Füllung steckt voller gesunder Nährstoffe und kann ohne viel Schnickschnack in einem einzigen Topf zubereitet werden – auch von Neulingen auf dem Gebiet. Die Joghurt-Avocado-Creme verleiht den Tacos Frische sowie eine säuerliche Note und steht ebenso schnell auf dem Tisch wie die Tacos selbst.

ZUTATEN FÜR DIE TACOS

- 2 EL Olivenöl
- 1 Zwiebel, abgezogen und gewürfelt
- 3 Knoblauchzehen, abgezogen und fein gehackt
- 1 grüne Paprikaschote, entkernt und gewürfelt
- 450 g schwarze Bohnen aus der Dose, abgegossen und abgespült
- 1 Päckchen Taco-Gewürzmischung (28 g)
- Körner von 1 frischen Maiskolben, gekocht und abgeschnitten, oder aus der Dose (140 g)
- Meer- oder Steinsalz
- 8–10 Weizentortillas (15 cm Ø), erwärmt
- Feta, zerkrümelt, zum Bestreuen
- Eingelegte rote Zwiebeln (*Rezept siehe S. 34*) zum Garnieren

ZUTATEN FÜR DIE JOGHURT-AVOCADO-CREME

- 2 Avocados, geschält, halbiert und entsteint
- 1 Knoblauchzehe, abgezogen und in Scheiben geschnitten
- abgeriebene Schale und Saft von 1 Bio-Limette
- 1 Bund frischer Koriander
- 1 Jalapeño-Chilischote, entkernt und in Ringe geschnitten
- 2 EL griechischer Joghurt
- 1 EL Olivenöl
- Meer- oder Steinsalz

Für die Tacos das Olivenöl in einer großen Pfanne bei mittlerer Temperatur erhitzen. Zwiebel sowie Knoblauch hineingeben und unter Rühren 2 bis 3 Minuten braten, bis die Aromaten leicht weich und gebräunt sind. Paprikawürfel hinzufügen und ebenfalls unter Rühren 3 bis 4 Minuten mitbraten, bis sie nicht mehr roh sind.

Die schwarzen Bohnen sowie die Taco-Gewürzmischung unterrühren. Unter gelegentlichem Rühren 5 Minuten garen; dabei sollen die Bohnen etwas Feuchtigkeit verlieren, und die Zutaten sowie Aromen sollen sich miteinander verbinden. Einige Bohnen können mit einem Holzlöffel zerdrückt werden.

Die Maiskörner unter die Füllung heben. Die Füllung anschließend mit Salz abschmecken. Die Hitze auf niedrigste Temperatur reduzieren und die Füllung bis zum Servieren warm halten.

Für die Joghurt-Avocado-Creme das Avocadofruchtfleisch in den Mixer geben. Knoblauch, Limettenschale, Limettensaft, Koriander, Chili, Joghurt, Olivenöl und Salz dazugeben. Alles zu einer glatten, dicken Creme mixen. Ist sie zu dick, mit 1 Spritzer Wasser verdünnen.

Die Tacos nach Belieben zusammenstellen, dabei jedoch mit der Joghurt-Avocado-Creme als Basis beginnen. Auf dieser Basis dann beispielsweise die Schwarze-Bohnen-Füllung verteilen und das Ganze mit zerkrümeltem Feta sowie roten Zwiebeln bestreuen.

SCHARFE QUESADILLAS MIT VIEL KÄSE

Für 4 Portionen

Diese knusprigen Quesadillas enthalten nicht nur genug Käse, um eine ganze Meute satt zu machen, sie stehen auch im Handumdrehen auf dem Tisch. Ich setze dem üppigen Käse zum Ausgleich die herrliche Schärfe gerösteter Jalapeños und die säuerlichen Noten der Knoblauchsalsa entgegen. Letztere lässt sich im Voraus zubereiten und hält sich im Kühlschrank bis zu 5 Tage.

ZUTATEN FÜR DIE SALSA

- 8–10 Jalapeño-Chilischoten (je nach Größe), entkernt und halbiert
- 1 Zwiebel, abgezogen und geviertelt
- 4–5 Knoblauchzehen, nicht abgezogen
- Olivenöl
- Meer- oder Steinsalz
- Saft von 1 Limette

ZUTATEN FÜR DIE QUESADILLAS

- 115 g geriebener Cheddar
- 60 g geriebener Gruyère
- 60 g geriebener Gouda
- 4 große Weizentortillas (25 cm Ø)
- Olivenöl zum Bepinseln

Den Backofen auf 200 °C (Gas Stufe 3–4) vorheizen und ein tiefes Backblech mit Backpapier belegen.

Für die Salsa halbierte Chilischoten, Zwiebelviertel und Knoblauchzehen auf dem vorbereiteten Backblech verteilen. Mit Olivenöl beträufeln und mit Salz bestreuen. Anschließend 15 bis 20 Minuten im Ofen rösten, bis die Haut der Chilischoten schwarze Stellen aufweist und sich von den Schoten löst.

Vorsichtig die Knoblauchzehen aus der Schale lösen und mit Chili, Zwiebel sowie Limettensaft in den Mixer geben. Noch einmal mit Salz würzen und anschließend glatt mixen. Bei laufendem Mixer 2 bis 3 Esslöffel Olivenöl einfließen lassen, bis eine homogene Sauce mit cremiger Konsistenz entstanden ist. Ist die Sauce zu dick, mit 1 Spritzer Wasser verdünnen.

Für die Quesadillas Cheddar, Gruyère und Gouda in eine große Schüssel geben und mit sauberen Händen gründlich vermengen.

Die Tortillas auf die Arbeitsfläche legen. Auf der Hälfte einer Tortilla 1 großzügige Handvoll Käsemischung verteilen. Die andere Hälfte mit einer dicken Schicht Jalapeñosalsa bestreichen. Eine Hälfte über die andere schlagen und die Tortilla mit Olivenöl bepinseln.

Die Quesadilla mit der bepinselten Seite nach unten in eine Pfanne (30 cm Ø) legen (es sollten 2 Quesadillas in die Pfanne passen). Pfanne und Quesadillas bei mittlerer Temperatur erhitzen und die Quesadillas in rund 2½ Minuten goldbraun backen. Vorsichtig wenden und auf der anderen Seite 1 bis 2 Minuten weiterbacken; dabei darauf achten, dass die Quesadillas nicht verbrennen.

Mit den restlichen Tortillas, der restlichen Käsemischung und der restlichen Salsa ebenso verfahren. Die Quesadillas in Dreiecke schneiden und servieren.

BUFFALO-BLUMENKOHL-BITES

Für 4–6 Portionen

Diese panierten Blumenkohlröschen werden alle beeindrucken, auch die Fleischesser*innen. Erst mal würde man nicht glauben, dass Blumenkohl derart aromenreich und voller unterschiedlicher Konsistenzen sein kann, doch bitte: Hier ist der Beweis! Das Gericht macht definitiv süchtig und überzeugt wie gesagt auch deine eingefleischtesten Freund*innen. Um Kalorien einzusparen – denn die finden sich reichlich in der buttrigen Sauce –, werden die Happen nicht frittiert, sondern im Ofen gebacken.

ZUTATEN FÜR DIE BLUMENKOHL-BITES

- 1 Blumenkohl
- 120 g Mehl
- 64 g Speisestärke
- 2 TL Knoblauchpulver
- 1 TL Meer- oder Steinsalz
- 1 TL Backpulver
- 1 TL geräuchertes Paprikapulver
- 1 TL Cayennepfeffer
- 1 TL getrockneter Thymian
- Joghurtsauce und -dip mit Kräutern *(Rezept siehe S. 26)* zum Servieren

ZUTATEN FÜR DIE SAUCE

- 180 ml Chilisauce
- 2 EL Butter
- 3 EL destillierter heller Essig

Den Backofen auf 200 °C (Gas Stufe 3–4) vorheizen und ein tiefes Backblech mit Backpapier belegen.

Für die Blumenkohl-Bites mit einem scharfen Messer den Blumenkohl vom Strunk befreien und den Rest anschließend entweder mit den Händen oder ebenfalls mit dem Messer in mundgerechte Röschen teilen. Ich mag die Kombination aus größeren Stücken, die ich mit dem Messer abtrenne, und kleinen Röschen, die ich von Hand abzupfe. Die Blumenkohlröschen in eine große Schüssel geben.

In einer zweiten großen Schüssel Mehl, Speisestärke, Knoblauchpulver, Salz, Backpulver, Paprikapulver, Cayennepfeffer und Thymian verrühren. Nach und nach 240 bis 360 Milliliter Wasser unterrühren, bis eine Mischung in der Konsistenz von Pfannkuchenteig entstanden ist. Dafür wird vielleicht nicht das ganze Wasser benötigt.

Die Blumenkohlröschen in den Teig geben und mit sauberen Händen gründlich darin wenden. Anschließend auf dem vorbereiteten Backblech verteilen. 20 Minuten im Ofen backen, bis der Blumenkohl hellgoldfarben ist; er wird zu diesem Zeitpunkt noch nicht ganz gar sein.

In der Zwischenzeit für die Sauce die Chilisauce bei mittlerer Temperatur in einem Topf erhitzen und unter ständigem Rühren 5 Minuten köcheln lassen. Die Butter hinzufügen und unter Rühren in der Sauce zerlassen, bis Letztere leicht eindickt. Den Essig unterrühren und den Topf vom Herd nehmen.

Die Blumenkohlröschen erneut in eine große Schüssel geben, dabei den Ofen eingeschaltet lassen und das Backblech aufbewahren. Eine großzügige Menge Sauce über den Blumenkohl gießen (nicht alles auf einmal hinzufügen, um den Blumenkohl nicht in Sauce zu ertränken) und alles gründlich vermengen.

Den Blumenkohl noch einmal auf dem Backblech verteilen und weitere 20 Minuten im Ofen backen, bis er knusprig und rötlich braun ist. Mit dem Joghurtdip servieren und dabei zusehen, wie ein Röschen nach dem anderen verschwindet.

HÄHNCHENSTICKS AUS DEM OFEN

Für 4 Portionen

Gute Hähnchensticks sind als Partyhäppchen beinahe unschlagbar – vergiss also die aus der TK-Abteilung des Supermarkts, die 1,7 Sekunden nachdem du sie aus dem Ofen genommen hast, staubtrocken sind. Mit diesem einfachen Rezept hingegen werden sie außen knusprig, während sie innen saftig bleiben. Das Backen ist nicht nur eine gesündere Option, sondern auch noch unaufwendiger als das Frittieren in heißem Öl. Ich serviere sie immer mit Barbecuesauce und einem schlichten Beilagensalat.

ZUTATEN

- 700 g Hähnchenbrustfilet, in Streifen geschnitten
- Meer- oder Steinsalz
- schwarzer Pfeffer, frisch gemahlen
- 1 Ei (Größe L)
- Eiweiß von 2 Eiern (Größe L)
- 120 g Mehl
- 30 g Speisestärke
- 2 TL geräuchertes Paprikapulver
- 2 TL Knoblauchpulver
- 1 TL Salz
- 1 TL getrockneter Thymian
- 55 g Cornflakes, zerstoßen
- 50 g Parmesan, frisch gerieben

Den Backofen auf 220 °C (Gas Stufe 4–5) vorheizen und einen Ofenrost auf ein Backblech legen.

Das Hähnchenfleisch rundum mit Salz sowie Pfeffer bestreuen und die Gewürze mit sauberen Händen gründlich ins Fleisch einmassieren.

In einer flachen Schüssel Ei und Eiweiß verquirlen. Das Eiweiß ist reich an Protein und sorgt so für eine knusprigere Panade.

In einer zweiten flachen Schüssel Mehl, Speisestärke, Paprikapulver, Knoblauchpulver, 1 Teelöffel Salz und Thymian verrühren. Das wird die Mehlpanade.

In einer dritten Schüssel zerstoßene Cornflakes und Parmesan verrühren. Das wird die letzte Schicht, die die Sticks schön knusprig und würzig macht.

1 Portion gewürztes Hähnchenfleisch in der Mehlpanade wenden. Überschüssige Panade abklopfen und das Fleisch in die verquirlten Eier geben. Mit den Händen gründlich darin wenden. Zum Schluss in der Cornflakesmischung wenden, überschüssiges Ei dabei nicht abtropfen lassen. Die Cornflakesmischung andrücken und die Hähnchensticks anschließend auf den vorbereiteten Ofenrost legen. Mit dem restlichen Fleisch ebenso verfahren.

Die Hähnchensticks 18 bis 20 Minuten im Ofen backen, bis sie eine goldbraune Kruste haben. Nach der Hälfte der Backzeit wenden.

KARTOFFELSPALTEN MIT PARMESANKRUSTE

Für 4 Portionen

Normalerweise werden Kartoffeln als Beilage serviert, dieses Rezept macht sie jedoch zum Star des Abends. Die Kartoffelspalten werden von einem knusprigen, scharf-würzigen Mantel umhüllt und bleiben innen dabei doch herrlich weich. Der Parmesan in der Kruste sorgt für den Extrakick an erdigen, pikanten Aromen, die so hervorragend zu Kartoffeln passen. Dieses Gericht wird im Nu weg sein, versprochen, vor allem wenn du es mit einem Sauerrahm-Frühlingszwiebel-Dip *(siehe Tipp unten)* servierst.

Den Backofen auf 180 °C (Gas Stufe 2–3) vorheizen und ein Backblech mit Backpapier belegen.

Ei, Eiweiß und Knoblauch in einer flachen Schüssel gründlich verrühren. In einer zweiten flachen Schüssel Parmesan, Semmelbrösel, Salz, Pfeffer, Thymian, Oregano, Paprikapulver und Knoblauchpulver verrühren.

Die Kartoffelspalten einzeln zunächst in der Eimischung und dann in der Parmesanmischung wenden, bis sie rundum paniert sind. Mit der Schalenseite nach unten auf das vorbereitete Backblech legen. Die Kartoffelspalten im Ofen in 40 Minuten knusprig und goldbraun backen.

Tipp: *Für den Sauerrahm-Frühlingszwiebel-Dip in einer kleinen Schüssel 60 Gramm Sauerrahm, 1 in feine Ringe geschnittene Frühlingszwiebel und 1 Handvoll gehackten frischen Dill verrühren. Mit Salz würzen.*

ZUTATEN

- 1 Ei (Größe L)
- Eiweiß von 3 Eiern (Größe L)
- 3 Knoblauchzehen, abgezogen und fein gehackt
- 150 g Parmesan, frisch gerieben
- 60 g Semmelbrösel
- 1 TL Meer- oder Steinsalz
- 1 TL schwarzer Pfeffer, frisch gemahlen
- 1 TL getrockneter Thymian
- 1 TL getrockneter Oregano
- 1 TL geräuchertes Paprikapulver
- 1 TL Knoblauchpulver
- 6–8 große Kartoffeln, mit Schale in Spalten geschnitten

MEINE LIEBLINGS-GEMÜSEKÜCHLEIN

Für 4 Portionen

Gemüseküchlein gehören zu meinen liebsten Möglichkeiten, übrig gebliebenem Gemüse zu neuem Glanz zu verhelfen. Da es auf die Mengen in diesem Rezept nicht so ganz genau ankommt, messe ich die Zutaten auch nie ab. So muss ich mir auch keinen Kopf machen, wenn ich diesen leckeren und obendrein noch gesunden Partysnack auf den Tisch zaubern will. Hinter dem knusprigen, salzigen Äußeren der Küchlein verbergen sich herrlich vielfältige Gemüsearomen. Ich habe hier mein Lieblingsgemüse aufgelistet, das du allerdings jederzeit durch anderes Gemüse wie Brokkoli, Mais oder Kartoffeln ersetzen oder ergänzen kannst. Serviert werden die Küchlein mit einem Joghurtdip, einem Spritzer Limettensaft und frischen Schnittlauchröllchen.

Karotten, Zucchini sowie Süßkartoffel in eine Schüssel geben und großzügig mit Salz bestreuen. Alles vermengen und 10 Minuten ziehen lassen. In dieser Zeit wird das Gemüse viel von seiner Feuchtigkeit abgeben; das ist wichtig, weil gilt: Je trockener das Gemüse, desto knuspriger die Küchlein. Weitere Feuchtigkeit ausdrücken und das Gemüse in eine frische Schüssel geben.

Frühlingszwiebelringe, Knoblauch, Koriander, Ei, Mehl, Stärke und Backpulver zum Gemüse in die Schüssel geben und alles zu einer bindenden Masse vermengen. Sie sollte so dick sein, dass man sie zu Küchlein formen kann. Ist sie zu dick, so viel Wasser unterrühren, bis die gewünschte Konsistenz erreicht ist.

Eine große Pfanne bei mittlerer Temperatur erhitzen und so viel Pflanzenöl hineingießen, dass der Pfannenboden bedeckt ist. Das Öl ebenfalls erhitzen. Den Gemüseteig portionsweise hineingeben, sanft flach drücken und in 3 bis 4 Minuten pro Seite goldbraun braten. Die fertigen Küchlein auf einen Ofenrost legen und auf beiden Seiten sofort mit Salz bestreuen.

ZUTATEN

- 2 mittelgroße Karotten, geraspelt
- 1 mittelgroße Zucchini, geraspelt
- 1 mittelgroße Süßkartoffel, geschält und geraspelt
- Meer- oder Steinsalz
- 2 Frühlingszwiebeln, in feine Ringe geschnitten
- 2 Knoblauchzehen, abgezogen und fein gehackt
- 1 Bund frischer Koriander, gehackt
- 1 Ei (Größe L)
- 60 g Mehl
- 30 g Speisestärke
- 1 TL Backpulver
- Pflanzenöl zum Braten

Kapitel 8

SÜSSE LECKEREIEN

Ich will dich an eines erinnern: Du hast eine Belohnung verdient! Denn mal ehrlich: Was wäre das Leben ohne Desserts? In diesem Kapitel findest du glücklich machende süße Leckereien mit möglichst geringem Nährwert-Extra – so kannst du dir das schlechte Gewissen (größtenteils) sparen.

DESSERTS

Gesünderer Schoko-Lavakuchen 158
Softeis mit nur zwei Zutaten 161
Zimtiger Apfel-Crumble 162
Mamas Walnuss-Dessertpasta 164
Avocado-Schoko-Mousse 166

SNACKS FÜR NASCHKATZEN

Joghurtparfait 167
Frozen Yogurt mit Erdnussbutter und Marmelade 168
Mein Lieblingscookie: Banane-Hafer 171

GESÜNDERER SCHOKO-LAVAKUCHEN

Für 2 Portionen

Es gibt wohl kaum ein schöneres Gefühl, als mit einem Löffel in einen Lavakuchen zu tauchen und dessen geschmolzenes, schokoladiges Inneres freizulegen. Ich habe versucht, dieses Erlebnis mit ernährungsphysiologisch ausgewogeneren Zutaten nachzustellen, und denke, dass die Version hier die beste ist. Ihr dunkler »Schokoladenunterton« macht die geringe Menge an Zucker mehr als wett; Orangenschale und Meersalz verstärken die Kakaoaromen, können aber auch weggelassen werden. Serviert werden kann das Ganze mit Joghurt, Beeren, Marmelade, Nüssen oder allem zusammen.

ZUTATEN FÜR DIE FÜLLUNG

- 2 EL Zartbitterschokoladenraspel (70 % Kakao oder mehr)
- 1 EL Kokosöl

ZUTATEN FÜR DEN KUCHEN

- Kokosöl für die Förmchen
- 1 Ei (Größe L)
- 1 EL brauner oder weißer Zucker
- 1 EL Apfelmus
- 1 Spritzer Milch oder Pflanzendrink
- 30 g Hafermehl
- 2 EL qualitativ hochwertiges Kakaopulver
- ½ TL Backpulver
- 1 Prise Meersalz
- 1 TL abgeriebene Bio-Orangenschale

Für die Füllung Zartbitterschokoladenraspel und Kokosöl in eine mikrowellengeeignete Schüssel geben und in der Mikrowelle auf hoher Stufe in 30-Sekunden-Abständen schmelzen, dabei jedes Mal umrühren. Die geschmolzene Schokoladenmischung für mindestens 10 Minuten ins Gefrierfach stellen.

Für den Kuchen den Backofen auf 200 °C (Gas Stufe 3–4) vorheizen. Zwei Förmchen à 120 Milliliter Fassungsvermögen mit Kokosöl einfetten.

Ei und Zucker in eine mittelgroße Schüssel geben und mit einem Schneebesen so lange verrühren, bis eine leicht schaumige Mischung entstanden und der Zucker vollständig eingearbeitet ist. Apfelmus sowie Milch unterrühren. Dies sind die feuchten Zutaten.

Hafermehl, Kakaopulver und Backpulver über die feuchten Zutaten sieben. Salz und Orangenschale hinzufügen und alles zu einem dicken Teig verrühren. Ist der Teig zu dick, noch etwas Milch unterrühren.

Die Hälfte des Teigs in die vorbereiteten Förmchen füllen. Jeweils die Hälfte der nun festen Schokoladenmischung in die Mitte der Förmchen geben. Mit dem restlichen Teig bedecken und diesen glatt streichen. Die Kuchen 10 bis 12 Minuten im Ofen backen, bis der Teig leicht aufgegangen ist.

Die Kuchen aus dem Ofen nehmen und in den Förmchen 2 bis 3 Minuten abkühlen lassen. Anschließend mit einem Messer vorsichtig vom Rand der Förmchen lösen und die Kuchen dann auf Dessertteller stürzen. Dafür mit einem Löffel einige Male auf den Boden der Förmchen klopfen. Das schokoladige Herz der Kuchen freilegen und genießen.

SOFTEIS MIT NUR ZWEI ZUTATEN

Für 2 Portionen

Es klingt verrückt, aber tatsächlich mag ich dieses Softeis mit Bananen und Schokolade lieber als fast jedes andere Eis. Die Banane besitzt eine solch intensive natürliche Cremigkeit, dass man aus ihr im gefrorenen Zustand allein durch Mixen die köstlichsten Desserts zubereiten kann. Obendrein verfügt sie noch über eine ganz erstaunliche natürliche Süße, die wunderbar zum dunklen Aroma des Kakaos passt, insbesondere wenn man zu überreifen Bananen greift. Das tut auch der Umwelt gut, denn so werden keine Lebensmittel verschwendet. Ach ja: Zudem ist dieses Rezept supersimpel, denn außer Bananen und Kakao braucht man eigentlich nichts weiter.

Die Bananen schälen, in Scheiben schneiden und in einen Zipbeutel geben. Den Beutel verschließen und die Bananenscheiben für mindestens 6 Stunden ins Gefrierfach legen.

Anschließend die gefrorenen Bananenscheiben in den Mixer geben, dabei die Scheiben so gut es geht voneinander trennen. Auf hoher Stufe mixen, dabei hin und wieder die Masse mit einem Spatel vom Rand des Mixbehalters schaben, damit sich alles gut vermischt. Am Anfang ist das Mixen etwas schwierig, nach und nach wird jedoch eine homogene, cremige Mischung entstehen.

Kakaopulver sowie Meersalzflocken hinzufügen und alles noch einmal auf hoher Stufe mixen.

Das Softeis auf Dessertschalen verteilen und mit gehackten Nüssen garniert sowie mit Honig beträufelt servieren.

ZUTATEN

- 3–4 große, überreife Bananen
- 2 EL qualitativ hochwertiges Kakaopulver
- 1 Prise Meersalzflocken (optional)
- gehackte Nüsse nach Wahl zum Garnieren
- Honig zum Beträufeln

ZIMTIGER APFEL-CRUMBLE

Für 4 Portionen

Mein Lieblingsdessert ist ein Stück warmer Apfelkuchen mit einer Kugel langsam schmelzendem Vanilleeis darauf. Nun habe ich einen Weg gefunden, diese Aromen in einer viel nährstoffreicheren Form zu genießen: mit diesem Apfel-Crumble, der nicht nur toll schmeckt, sondern auch noch ruckzuck zubereitet ist. Um ehrlich zu sein, kommt bei mir trotzdem noch eine Kugel Vanilleeis darauf, denn SCHLIESSLICH WILL ICH JA AUCH EIN BISSCHEN SPASS HABEN, OKAY?

Den Backofen auf 180 °C (Gas Stufe 2–3) vorheizen.

Für die Apfelfüllung Apfelscheiben, Ahornsirup, Zitronensaft, Rumextrakt, Stärke, Zimt und Muskatnuss in eine große Schüssel geben. Mit sauberen Händen alles gründlich vermengen. Anschließend die Apfelmischung mitsamt Saft in eine Backform aus Glas (23 x 33 cm) füllen. Die Schüssel aufbewahren. Die Apfelmischung 10 Minuten im Ofen backen, bis die Äpfel weich werden.

Für das Hafertopping Haferflocken, Keksbrösel, Walnüsse, Kokosöl, Ahornsirup, Zimt und Salz in die aufbewahrte Schüssel geben und mit sauberen Händen gründlich vermengen. Die Mischung sollte etwas Abwechslung in der Konsistenz enthalten, etwa größere »Klumpen« aus Haferflocken und Keksbröseln. Das Topping über, zwischen und unter die gebackenen Äpfel krümeln. Etwas andrücken, damit eine gleichmäßige Schicht entsteht. So wird sie schön knusprig.

Den Crumble weitere 15 Minuten im Ofen backen, bis er oben leicht gebräunt ist und die Äpfel weich sind.

Entweder heiß mit 1 Kugel Vanilleeis darauf servieren oder 10 Minuten abkühlen lassen und dann genießen.

ZUTATEN FÜR DIE APFELFÜLLUNG

- 4 rote Äpfel, entkernt und in dünne Scheiben geschnitten
- 2 EL Ahornsirup oder Honig
- Saft von ½ Zitrone
- 1 TL Rumextrakt oder Rumaroma
- 1 EL Speisestärke
- 1 TL Zimtpulver
- ½ TL Muskatnuss, frisch gerieben

ZUTATEN FÜR DAS HAFERTOPPING

- 100 g kernige Haferflocken
- 50 g zuckerarme Vollkornkekse, zu Bröseln zermahlen
- 30 g Walnusskerne, gehackt
- 2 EL Kokosöl
- 2 EL Ahornsirup oder Honig
- 1 TL Zimtpulver
- 1 TL Meer- oder Steinsalz

AUSSERDEM

- Vanilleeis oder griechischer Joghurt zum Servieren

ZUTATEN

- 115–170 g Tagliatelle
- Meer- oder Steinsalz
- 80 g gemahlene Walnusskerne
- 100 g Zucker
- 115 g dunkler brauner Zucker
- 1 EL Butter

MAMAS WALNUSS-DESSERTPASTA

Für 2 Portionen

Okay, ich werde nicht lügen: An diesem Dessert ist nichts gesund. Für mich bedeutet gesund allerdings auch, dass man sich gelegentlich etwas gönnt, und dieses Rezept ist etwas ganz Besonderes für mich. Meine Mom hat mir die Pasta immer gemacht, als ich noch ein Kind war; sie hat die Zubereitung von ihrer Mom gelernt, das Rezept ist tatsächlich Generationen alt. Ich habe das Gericht auch noch nirgendwo anders als bei Menschen aus meinem Heimatland Rumänien gesehen.

Nun ist es an der Zeit, das Rezept in die Welt hinauszuschicken, damit möglichst viele Menschen die Leckerei genießen können. Meine Mom hat mir erzählt, dass sie die Zutaten nie abmisst, du kannst die Mengen also auch an dein Bauchgefühl anpassen. Ein Hoch auf sie für ihre Einzigartigkeit, und wo wir schon mal dabei sind: Ein Hoch auch auf meinen Dad. Hab euch lieb!

Die Tagliatelle in reichlich Salzwasser nach Packungsanleitung al dente garen.

In der Zwischenzeit in einer mittelgroßen Schüssel Walnüsse, weißen Zucker und braunen Zucker verrühren.

Die Butter bei mittlerer bis niedriger Temperatur in einer Pfanne zerlassen und so lange erhitzen, bis sie zu schäumen beginnt.

Sobald die Nudeln al dente sind, diese mit einer Zange aus dem Kochwasser heben und zur Butter in die Pfanne geben. Alles gründlich vermengen.

Ein wenig Walnuss-Zucker-Mischung unter die Tagliatelle rühren. Ich kann wirklich nicht genau sagen, wie viel – hier heißt es: aufs Bauchgefühl vertrauen. So lange weiterrühren, bis der Zucker leicht schmilzt und karamellisiert und sich mit der Butter zu einer glänzenden »Sauce« verbindet.

Die Nudeln auf Tellern verteilen und mit weiterer Walnuss-Zucker-Mischung für den Crunch bestreuen. Heiß servieren.

Wahrscheinlich wird etwas Walnuss-Zucker übrig bleiben. Das macht nichts, denn er schmeckt auch ganz hervorragend auf Haferflocken.

AVOCADO-SCHOKO-MOUSSE

Für 2 Portionen

Die Idee für dieses Rezept hatte ich, als ich mich eines Tages so durch TikTok scrollte und ein Gericht entdeckte, bei dem eine Avocado als Grundlage für einen Schokoladenkuchen-Zuckerguss diente. Ich war fasziniert. Offenbar kommt Avocado gar nicht so selten bei einem Dessert zum Einsatz. Nachdem ich es nun ausprobiert habe, kann ich sicher sagen, dass das Ergebnis nicht nach Avocado schmeckt, durch sie aber wunderbar üppig, cremig und glänzend wird. Und bei diesen drei Wörtern denke ich automatisch an eines: Mousse au Chocolat. In diesem Rezept sorgt die Banane für zusätzliche Süße und Cremigkeit, garniert wird das Ganze zum Schluss mit gehackten Pistazien (um das grüne Thema beizubehalten).

ZUTATEN

- 85 g Zartbitterschokolade
- 1 große, reife Avocado, geschält, halbiert und entsteint
- 1 Banane, in Stücke geschnitten
- 1 EL Kakaopulver
- 2 EL Honig
- Pistazien, gehackt, zum Garnieren
- Zartbitterschokoladenspäne zum Garnieren

Die Zartbitterschokolade in eine kleine, mikrowellengeeignete Schüssel geben und in der Mikrowelle auf hoher Stufe in 30-Sekunden-Abständen schmelzen, dabei jedes Mal umrühren. Die geschmolzene Schokolade in den Mixer füllen.

Das Avocadofruchtfleisch zur Schokolade in den Mixer geben und Bananenstücke, Kakaopulver sowie Honig hinzufügen. Alles zu einer glatten, dicken, samtigen Creme mixen. Die Avocado-Schoko-Mousse in Dessertschalen füllen und für mindestens 2 Stunden, idealerweise aber über Nacht in den Kühlschrank stellen.

Mit gehackten Pistazien und Zartbitterschokoladenspänen garniert servieren.

JOGHURT-PARFAIT

Für 1 Portion

Dieses Dessert bereite ich mir häufiger unter der Woche zu. Es enthält viele wertvolle Nährstoffe und macht richtig satt. Ich habe etwas gezögert, es Parfait zu nennen, weil es eigentlich nur eine Joghurt-Frucht-Mischung ist, die ich mir ausgedacht habe. Ich ergänze die säuerliche und zugleich süße Joghurtgrundlage mit cremiger Banane sowie einer süß-fruchtigen Beerenkombi und garniere das Ganze mit einer knusprigen Schicht aus Früchten und Nüssen.

Die Banane schälen, in grobe Stücke schneiden, in eine mittelgroße Schüssel geben und mit einer Gabel zerdrücken. Dabei muss nicht zu gründlich vorgegangen werden, die Mischung darf ruhig noch einige Stückchen enthalten.

Joghurt, Ahornsirup bzw. Honig sowie Vanilleextrakt hinzufügen und alles 1 bis 2 Minuten kräftig verrühren. Dabei etwas Luft einarbeiten und die Zutaten gleichmäßig verteilen.

In einer kleinen Schüssel Heidelbeeren, Himbeeren, Zitronenschale, Zitronensaft und Zucker vorsichtig vermengen. Die Beerenmischung 5 Minuten ziehen lassen.

In ein kleines Glas zunächst ein 1/3 der Joghurtmischung geben, dann die Hälfte der Beerenmischung daraufschichten. Den Vorgang wiederholen. Zum Schluss die restliche Joghurtmischung auf den Beeren verteilen. Mit getrockneten Cranberrys und gehobelten Mandeln garnieren. Das Glas für mindestens 30 Minuten, idealerweise aber über Nacht in den Kühlschrank stellen. Das Joghurtparfait servieren und genießen.

ZUTATEN

- 1 reife Banane
- 60 g griechischer Joghurt
- 1 EL Ahornsirup oder Honig
- 1 TL Vanilleextrakt
- 1 Handvoll frische Heidelbeeren
- 1 Handvoll frische Himbeeren
- abgeriebene Schale und Saft von ½ Bio-Zitrone
- 1 TL Zucker
- getrocknete Cranberrys zum Garnieren
- gehobelte Mandeln oder gehackte Walnusskerne zum Garnieren

FROZEN YOGURT MIT ERDNUSSBUTTER UND MARMELADE

Für 4 Portionen

Diese gefrorene Köstlichkeit ist besonders lecker an einem heißen Sommertag, an dem man sich nach etwas Erfrischendem, Fruchtigem und Sattmachendem sehnt. Der Snack lässt sich wunderbar auf Vorrat zubereiten, denn er hält sich im Gefrierfach eine seeeeehr lange Zeit – außer bei mir, da hält er sich nur eine Woche, weil ich ihn dann schon weggefuttert habe.

Ein Backblech mit Backpapier belegen. Joghurt, Ahornsirup sowie Vanilleextrakt in eine große Schüssel geben und gründlich verrühren. Die Joghurtmischung auf dem vorbereiteten Backblech verteilen; dabei sollte die Schicht etwa so dick wie eine gewöhnliche Tafel Schokolade sein.

Kleine Kleckse Erdnussmus und Marmelade auf dem Joghurt verteilen. Mit einer Gabel Erdnussmus und Marmelade leicht unter den Joghurt ziehen. Dabei darf ruhig etwas mit dem Muster gespielt werden, und es darf der Abwechslung wegen auch etwas ungleichmäßiger sein.

Mit gefrorenen Beeren sowie gehackten Erdnüssen bestreuen und diese sanft in den Joghurt drücken.

Das Backblech für mindestens 4 Stunden ins Gefrierfach geben. Anschließend das Backpapier abziehen und den Frozen Yogurt in ungleich große Stücke brechen. Reste in einen Zipbeutel füllen – sie halten sich im Gefrierfach bis zu 1 Monat (siehe allerdings oben …).

ZUTATEN

- 480 g griechischer Joghurt
- 1 EL Ahornsirup
- 1 TL Vanilleextrakt
- 2 EL feines Erdnussmus
- 2 EL Himbeer- oder Erdbeermarmelade
- 75 g gemischte TK-Beeren
- 40 g Erdnüsse, gehackt

MEIN LIEBLINGSCOOKIE: BANANE-HAFER

Für 8–10 Cookies

Ich liebe Kekse, sie selbst zu backen finde ich allerdings immer ungeheuer aufwendig: Zuerst muss die Butter genau die richtige Temperatur haben, dann sind da die vielen anderen Zutaten, und meist geht am Ende irgendetwas schief. Die Kekse hier allerdings werden in einer einzigen Schüssel zubereitet, und diese Zubereitung ist praktisch narrensicher. Obendrein ist das Endprodukt unglaublich gesund.

ZUTATEN

- 3 reife oder vorzugsweise überreife Bananen
- 1 Ei (Größe L)
- 1 Spritzer Vanilleextrakt
- 60 g Mehl
- 80 g kernige Haferflocken
- 1 TL Backpulver
- 1 TL Zimtpulver
- ½ TL Muskatnuss, frisch gerieben
- 60 g Chocolate Chunks aus Zartbitterschokolade (70 % Kakao) + etwas mehr zum Garnieren (optional)
- 30 g Walnusskerne, gehackt (optional)
- Meersalzflocken zum Bestreuen

Den Backofen auf 180 °C (Gas Stufe 2–3) vorheizen und ein Backblech mit Backpapier belegen.

Die Bananen schälen, grob in Stücke schneiden und in eine große Schüssel geben. Mit einer Gabel grob zerdrücken. Ei sowie Vanilleextrakt hinzufügen und alles gründlich verrühren.

Das Mehl über die Masse sieben und die Haferflocken dazugeben. Backpulver, Zimtpulver und Muskatnuss ebenfalls dazugeben. Mit einem Spatel unterheben, bis ein homogener Teig entstanden ist.

Chocolate Chunks und gehackte Walnüsse unterrühren. Ich verwende Chocolate Chunks, weil ich es mag, dass sie anders als Chocolate Chips so »unvollkommen« aussehen.

Den Teig mithilfe eines großen Eisportionierers auf das vorbereitete Backblech geben. Es sollten 8 bis 10 Kekse dabei herauskommen. Den Teig nicht flach drücken – er wird beim Backen automatisch zu Keksform zerlaufen.

Die Kekse 12 bis 15 Minuten im Ofen backen, bis sie leicht gebräunt und noch krümelig sind, aber nicht auseinanderfallen. Sie sollten feucht und trotzdem knusprig sein. Mit etwas Meersalzflocken sowie weiteren Chocolate Chunks bestreuen, etwa 5 Minuten abkühlen lassen und dann reinhauen.

DANKSAGUNG

Dieses Buch gäbe es ohne die harte Arbeit vieler, vieler ganz erstaunlicher Menschen nicht.

Ich möchte meiner Freundin und Creative Director Sonia danken, die tagein, tagaus beim Fotoshooting geholfen hat. Dieses Buch sähe nicht so aus, wie es aussieht, wäre Sonia nicht Teil meines Teams gewesen.

Ein großes Dankeschön auch an all die wunderbaren Menschen bei Quarto: an Thom dafür, dass er an mich geglaubt und dieses Buch auf den Weg gebracht hat, sowie für seine unfassbare Geduld und beständige Motivation – er hat mich auf dieser ganzen Reise nie im Stich gelassen (ich werde unsere wöchentlichen Chats vermissen); an Mary für die umsichtige Zusammenarbeit bei der Redaktion der Rezepte; an John und Meredith für die redaktionelle Hilfe hinter den Kulissen; und an Regina von der Design-Front, die dafür gesorgt hat, dass das Buch genau so aussieht, wie es soll.

Und auch wenn es jetzt etwas gefühlsduselig wird, so muss ich an dieser Stelle doch meine Eltern nennen, die mir meine erste Kamera schenkten, als ich 13 war, und die mich bei jedem einzelnen Schritt auf meiner Reise als Creator unterstützten. Ebenso übrigens wie mein Bruder, der ganz allgemein einfach großartig ist.

Und last but not least: Cristina. Du warst immer an meiner Seite, in den schönsten ebenso wie in den schlimmsten Augenblicken in meinem Leben. Ich werde dich immer dafür lieben, dass du Schönheit und Freude in mein Leben gebracht und mich zu dem Menschen gemacht hast, der ich heute bin.

ÜBER DEN AUTOR

Kevin Tatar ist leidenschaftlicher Hobbykoch, der Essen gern auf möglichst kreative und freudvolle Weise genießt und anderen dabei helfen möchte, Selbstvertrauen in der Küche zu gewinnen. Er hat es sich zur Mission gemacht, die Welt des Kochens insbesondere Studentinnen und Studenten sowie generell jungen Erwachsenen zugänglich zu machen. Kevins Kochstil und Videos konzentrieren sich in erster Linie auf vier Dinge: Das Essen sollte erschwinglich, ernährungsphysiologisch ausgewogen und praktisch sein, und das Kochen sollte Spaß machen. Er ist stolz darauf, Autodidakt zu sein, und will seine Zuschauer*innen mit seinen Videos zum Mitmachen anregen. Man findet ihn als KWOOWK auf TikTok, YouTube und Instagram.

REGISTER

A

Ablöschen 19
Aglio e Olio e Cacio e Pepe 112–113
Ananas
    Power-Smoothie 41
Andünsten 18
Apfel/Äpfel
    Schweizer Bircher-Müsli 44
    Sommerlicher Quinoasalat 76
    Zimtiger Apfel-Crumble 162
Arborio (Risottoreis)
    Risotto mit Röstgemüse 117
Aubergine
    Mein Spezial-Shakshuka 52–53
    Risotto mit Röstgemüse 117
Aufbewahrungsbehälter 12
Avocado-Schoko-Mousse 166
Avocado(s)
    Avocado-Schoko-Mousse 166
    Avocadotoast de luxe 32
    Dreierlei Smoothie-Bowls 42–43
    Frühstückstacos mit Bacon, Avocado und Ei 51
    Ganz schnelle Tacos 96–97
    Grüne Smoothie-Bowl 42
    Mein ultimativer Hähnchen-Taco-Salat 71–72
    Omelett mit allem 48
    Schwarze-Bohnen-Tacos ohne Schnickschnack 143–145
Avocadotoast de luxe 32

B

Backblech und Backform 12
Bacon
    Frühstückstacos mit Bacon, Avocado und Ei 51
    Kartoffelpfanne für Solofrühstücker 38
Baked Oats mit Erdnussbutter und Bananen 35
Banane(n)
    Avocado-Schoko-Mousse 166
    Baked Oats mit Erdnussbutter und Bananen 35
    Dreierlei Smoothie-Bowls 42–43
    (Irgendwie auch) gesunde Bananen-Pancakes 36
    Joghurtparfait 167
    Mein Lieblingscookie: Banane-Hafer 171
    Power-Smoothie 41
    Softeis mit nur zwei Zutaten 161
Basilikum (frisch)
    Pasta mit selbst gemachtem Pesto und Tomaten 120–121
    Scharfe Kirschtomaten-Pasta 89
Beeren
    Frozen Yogurt mit Erdnussbutter und Marmelade 168
    Joghurtparfait 167
    Schweizer Bircher-Müsli 44
Blumenkohl
    Buffalo-Blumenkohl-Bites 148–149
Bohnen 14
    siehe auch Kichererbsen; Schwarze Bohnen
    Ganz schnelle Tacos 96–97
Brokkoli
    Das ultimative Huhn-Brokkoli-Wokgericht 103–105
    One-Pot-Pasta mit Huhn und Brokkoli 126–127
    Quinoa-Bowl mit reichlich Gemüse 135
Buffalo-Blumenkohl-Bites 148–149
Burger
    Der beste Schwarze-Bohnen-Burger, den du je gegessen hast 100–102
    Die perfekten Smash Burger 140–142

C

Cheddar
    Die perfekten Smash Burger 140–142
    Gesunde Buffalo-Chicken-Pita 59
    Kartoffelpfanne für Solofrühstücker 38
    Omelett mit allem 48
    Scharfe Quesadillas mit viel Käse 146
    Thunfisch-Quesadilla mit Kapern 64
Chiasamen
    Dreierlei Smoothie-Bowls 42–43
Chicken-Fajita-Pasta 123
Chilisauce
    Buffalo-Blumenkohl-Bites 148–149
    Ganz schnelle Tacos 96–97
    Gesunde Buffalo-Chicken-Pita 59
    Üppige Tofu-Burrito-Bowl 131–133
Chorizo
    Omelett mit allem 48
Cornflakes
    Hähnchensticks aus dem Ofen 151
Cranberrys (getrocknet)
    Baked Oats mit Erdnussbutter und Bananen 35
    Joghurtparfait 167
    Reste-Geflügelsalat 86
    Schweizer Bircher-Müsli 44
    Sommerlicher Quinoasalat 76
Cremige Pilzpasta 124–125
Cremiges Kichererbsencurry 136

D

Das Ramen-Upgrade 106
Das ultimative Huhn-Brokkoli-Wokgericht 103–105
Der beste Schwarze-Bohnen-Burger, den du je gegessen hast 100–102
Die perfekten Smash Burger 140–142
Dill (frisch)
    Avocadotoast de luxe 32
    Gourmet-Eiersalat-Bagel 67
    Tripledecker-Hähnchensandwich (Sauce) 57
Dreierlei Smoothie-Bowls 42–43

E

Ei(er) 14
    Avocadotoast de luxe 32
    Baked Oats mit Erdnussbutter und Bananen 35
    Das Ramen-Upgrade 106
    Eier kochen leicht gemacht 22
    Fried Rice mit Resten 80–82
    Frühstückstacos mit Bacon, Avocado und Ei 51
    Gourmet-Eiersalat-Bagel 67
    Kartoffelpfanne für Solofrühstücker 38
    Mein Spezial-Shakshuka 52–53
    Nahöstliches Shakshuka 47
    Omelett mit allem 48
Eier kochen leicht gemacht 22
Einen Burrito falten 20
Eingelegte rote Zwiebeln (und anderes) 24
    Der beste Schwarze-Bohnen-Burger, den du je gegessen hast 100–102
    Megaleckerer Hähnchen-Lunch-Wrap 63
    Schwarze-Bohnen-Tacos ohne Schnickschnack 143–145
Einreduzieren 21
Erbsen (gefroren)
    Das Ramen-Upgrade 106
    Fried Rice mit Resten 80–82
    Preiswerte Poke Bowl mit Huhn 128–130
    Sahnige Gemüsesuppe 90
    Selbst gemachte Gnocchi mit Erbsen und Walnüssen 108–111
Erdnussbutter
    Baked Oats mit Erdnussbutter und Bananen 35
    Dreierlei Smoothie-Bowls 42–43
    Erdnussbutter-Schoko-Smoothie-Bowl 43
    Frozen Yogurt mit Erdnussbutter und Marmelade 168
    Schweizer Bircher-Müsli 44
Erdnüsse
    Frozen Yogurt mit Erdnussbutter und Marmelade 168

F

Feta
    Der beste Schwarze-Bohnen-Burger, den du je gegessen hast 100–102
    Mediterraner Nudelsalat 75
    Mein Spezial-Shakshuka 52–53
    Nahöstliches Shakshuka 47
    Schwarze-Bohnen-Tacos ohne Schnickschnack 143–145
Fette und Öle 14
Fond 21
Fried Rice mit Resten 80–82
Frozen Yogurt mit Erdnussbutter und Marmelade 168
Frühstückstacos mit Bacon, Avocado und Ei 51

G

Ganz schnelle Tacos 96–97
Gemüse 15
Gemüsebrühe
    Sahnige Gemüsesuppe 90
Gemüsebrühe aus Resten 23
Gesunde Buffalo-Chicken-Pita 59
Gesündere »frittierte« Chicken Wings 92–93
Gesünderer Schoko-Lavakuchen 158
Gewürze 17
Gouda 14
    Gesunde Buffalo-Chicken-Pita 59
    Kartoffelpfanne für Solofrühstücker 38
    Omelett mit allem 48
    Scharfe Quesadillas mit viel Käse 146
Gourmet-Eiersalat-Bagel 67
Griechischer Joghurt 15
    Frozen Yogurt mit Erdnussbutter und Marmelade 168
    Joghurtparfait 167
    Joghurtsauce und -dip mit Kräutern 26
    Reste-Geflügelsalat 86
    Schweizer Bircher-Müsli 44
Grundlegende Techniken und Begriffe 18–21
Grundzutaten 14–17
Grüne Smoothie-Bowl 42

H

- Hacken (Zutaten, fein/grob) 19
- Haferflocken 16
  - Baked Oats mit Erdnussbutter und Bananen 35
  - Dreierlei Smoothie-Bowls 42–43
  - Gesünderer Schoko-Lavakuchen 158
  - Mein Lieblingscookie: Banane-Hafer 171
  - Schweizer Bircher-Müsli 44
  - Zimtiger Apfel-Crumble 162
- Hähnchen 15
  - Chicken-Fajita-Pasta 123
  - Das ultimative Huhn-Brokkoli-Wokgericht 103–105
  - Fried Rice mit Resten 80–82
  - Gesunde Buffalo-Chicken-Pita 59
  - Gesündere »frittierte« Chicken Wings 92–93
  - Hähnchensticks aus dem Ofen 151
  - Megaleckerer Hähnchen-Lunch-Wrap 63
  - Mein ultimativer Hähnchen-Taco-Salat 71–72
  - One-Pot-Pasta mit Huhn und Brokkoli 126–127
  - Preiswerte Poke Bowl mit Huhn 128–130
  - Reste-Geflügelsalat 86
  - Schnelles Huhn-Congee 95
  - Traumhaft cremiges Butter Chicken 83–85
  - Tripledecker-Hähnchensandwich 56–57
  - Unkomplizierte Hähnchenbrust 25
- Holzlöffel 13
- Huhn *siehe* Hähnchen

I

- Ingwer (frisch)
  - Das Ramen-Upgrade 106
  - Das ultimative Huhn-Brokkoli-Wokgericht 103–105
  - Schnelles Huhn-Congee 95
  - Traumhaft cremiges Butter Chicken 83–85
- (Irgendwie auch) gesunde Bananen-Pancakes 36

J

- Jalapeño-Chilischote(n)
  - Kartoffelpfanne für Solofrühstücker 38
  - Scharfe Quesadillas mit viel Käse 146
  - Schwarze-Bohnen-Tacos ohne Schnickschnack 143–145
- Joghurt 15
  - *siehe auch* Griechischer Joghurt
- Joghurtparfait 167
- Joghurtsauce und -dip mit Kräutern 26

K

- Kakaopulver
  - Dreierlei Smoothie-Bowls 42–43
  - Erdnussbutter-Schoko-Smoothie-Bowl 43
  - Gesünderer Schoko-Lavakuchen 158
  - Softeis mit nur zwei Zutaten 161
- Kapern
  - Mediterraner Nudelsalat 75
  - Reste-Geflügelsalat 86
  - Thunfisch-Quesadilla mit Kapern 64
- Karotte(n)
  - Dreierlei Smoothie-Bowls 42–43
  - Eingelegte rote Zwiebeln (und anderes) 24
  - Karottenkuchen-Smoothie-Bowl 43
  - Meine Lieblings-Gemüseküchlein 155
  - Preiswerte Poke Bowl mit Huhn 128–130
  - Sahnige Gemüsesuppe 90
- Karottenkuchen-Smoothie-Bowl 43
- Kartoffeln
  - Kartoffelpfanne für Solofrühstücker 38
  - Kartoffelspalten mit Parmesankruste 152
  - Sahnige Gemüsesuppe 90
  - Selbst gemachte Gnocchi mit Erbsen und Walnüssen 108–110
- Kartoffelpfanne für Solofrühstücker 38
- Kartoffelspalten mit Parmesankruste 152
- Käse
  - Aglio e Olio e Cacio e Pepe 112–113
  - Chicken-Fajita-Pasta 123
  - Scharfe Quesadillas mit viel Käse 146
  - *siehe auch* Cheddar; Feta; Gouda; Parmesan
- Kernige Haferflocken *siehe* Haferflocken
- Kichererbsen
  - Cremiges Kichererbsencurry 136
  - Kichererbsen-Wrap 60
  - Knuspriger Süßkartoffel-Kichererbsen-Salat 68–70
  - Mein Spezial-Shakshuka 52–53
- Kichererbsen-Wrap 60
- Kirschtomaten
  - Mediterraner Nudelsalat 75
  - Pasta mit selbst gemachtem Pesto und Tomaten 120–121
  - Quinoa-Bowl mit reichlich Gemüse 135
  - Risotto mit Röstgemüse 117
  - Scharfe Kirschtomaten-Pasta 89
- Kiwi
  - Dreierlei Smoothie-Bowls 42–43
- Knoblauchpresse 12
- Knuspriger Süßkartoffel-Kichererbsen-Salat 68
- Kokosmilch
  - Cremiges Kichererbsencurry 136
- Kokosraspel
  - Dreierlei Smoothie-Bowls 42–43
- Kopfsalat
  - Die perfekten Smash Burger 140–142
  - Ganz schnelle Tacos 96–97
  - Reste-Geflügelsalat 86
- Koriander
  - Frühstückstacos mit Bacon, Avocado und Ei 51
  - Ganz schnelle Tacos 96–97
  - Gesunde Buffalo-Chicken-Pita 59
  - Joghurtsauce und -dip mit Kräutern 26
  - Kichererbsen-Wrap 60
  - Megaleckerer Hähnchen-Lunch-Wrap 63
  - Mein ultimativer Hähnchen-Taco-Salat 71–72
  - Meine Lieblings-Gemüseküchlein 155
  - Omelett mit allem 48
  - Preiswerte Poke Bowl mit Huhn 128–130
  - Schwarze-Bohnen-Tacos ohne Schnickschnack 143–145
  - Üppige Tofu-Burrito-Bowl 131–133
- Kräuter 17
  - *siehe auch* einzelne Kräuter
- Kuchen
  - Gesünderer Schoko-Lavakuchen 158
- Küchenausstattung 12–13
- Küchenmaschine 12

M

- Mais
  - Mein ultimativer Hähnchen-Taco-Salat 71–72
  - Schwarze-Bohnen-Tacos ohne Schnickschnack 143–145
  - Üppige Tofu-Burrito-Bowl 131–133
- Mamas Walnuss-Dessertpasta 164–165
- Mandeln, gehobelt
  - Joghurtparfait 167
  - Schweizer Bircher-Müsli 44
- Marmelade
  - Frozen Yogurt mit Erdnussbutter und Marmelade 168
- Mediterraner Nudelsalat 75
- Megaleckerer Hähnchen-Lunch-Wrap 63
- Mein Lieblingscookie: Banane-Hafer 171
- Mein Spezial-Shakshuka 52
- Mein ultimativer Hähnchen-Taco-Salat 71–72
- Meine Lieblings-Gemüseküchlein 155
- Messer 13
- Minzblätter
  - Power-Smoothie 41
  - Sommerlicher Quinoasalat 76
- Mixer 12
- Müsli
  - Schweizer Bircher-Müsli 44

N

- Nahöstliches Shakshuka 47
- Nudeln
  - Aglio e Olio e Cacio e Pepe 112–113
  - Chicken-Fajita-Pasta 123
  - Cremige Pilzpasta 124–125
  - Mamas Walnuss-Dessertpasta 164–165
  - Mediterraner Nudelsalat 75
  - Nudelwasser salzen 21
  - One-Pot-Pasta mit Huhn und Brokkoli 126–127
  - Pasta mit selbst gemachtem Pesto und Tomaten 120–121
  - Scharfe Kirschtomaten-Pasta 89
- Nüsse
  - Avocado-Schoko-Mousse 166
  - Frozen Yogurt mit Erdnussbutter und Marmelade 168
  - Pasta mit selbst gemachtem Pesto und Tomaten 120–121
  - Power-Smoothie 41
  - Schweizer Bircher-Müsli 44
  - Softeis mit nur zwei Zutaten 161
  - *siehe auch* Walnusskerne

O

- Omelett mit allem 48
- One-Pot-Pasta mit Huhn und Brokkoli 126–127

P

- Paprikaschote(n)
  - Chicken-Fajita-Pasta 123
  - Das ultimative Huhn-Brokkoli-Wokgericht 103–105
  - Fried Rice mit Resten 80–82
  - Mein Spezial-Shakshuka 52–53
  - Nahöstliches Shakshuka 47
  - Risotto mit Röstgemüse 117
  - Schwarze-Bohnen-Tacos ohne Schnickschnack 143–145
- Parmesan
  - Cremige Pilzpasta 124–125
  - Hähnchensticks aus dem Ofen 151
  - Kartoffelspalten mit Parmesankruste 152
  - One-Pot-Pasta mit Huhn und Brokkoli 126–127
  - Pasta mit selbst gemachtem Pesto und Tomaten 120–121
  - Risotto mit Röstgemüse 117
  - Selbst gemachte Gnocchi mit Erbsen und Walnüssen 108–110

Pasta mit selbst gemachtem Pesto und Tomaten 120–121
Pastinaken
Sahnige Gemüsesuppe 90
Petersilie
Aglio e Olio e Cacio e Pepe 112–113
Cremige Pilzpasta 124–125
Gourmet-Eiersalat-Bagel 67
Joghurtsauce und -dip mit Kräutern 26
Kichererbsen-Wrap 60
Knuspriger Süßkartoffel-Kichererbsen-Salat 68–70
Mediterraner Nudelsalat 75
Mein Spezial-Shakshuka 52–53
Nahöstliches Shakshuka 47
One-Pot-Pasta mit Huhn und Brokkoli 126–127
Pasta mit selbst gemachtem Pesto und Tomaten 120–121
Quinoa-Bowl mit reichlich Gemüse 135
Reste-Geflügelsalat 86
Selbst gemachte Gnocchi mit Erbsen und Walnüssen 108–111
Thunfisch-Quesadilla mit Kapern 64
Pfannen und Töpfe 13
Pfannenwender 13
Pilze
Cremige Pilzpasta 124–125
Das Ramen-Upgrade 106
Omelett mit allem 48
Power-Smoothie 41
Preiswerte Poke Bowl mit Huhn 128–130

Q
Quer zur Faser schneiden 19
Quesadillas
Scharfe Quesadillas mit viel Käse 146
Thunfisch-Quesadilla mit Kapern 64
Quinoa
Quinoa-Bowl mit reichlich Gemüse 135
Sommerlicher Quinoasalat 76
Quinoa-Bowl mit reichlich Gemüse 135

R
Ramen
Das Ramen-Upgrade 106
Reis 15
Cremiges Kichererbsencurry 136
Fried Rice mit Resten 80–82
Preiswerte Poke Bowl mit Huhn 128–130
Schnelles Huhn-Congee 95
Stets perfekter Reis 27
Üppige Tofu-Burrito-Bowl 131–133
Reiskocher 13
Reisnudeln
Süß-scharfe Tofunudeln 114
Reste-Geflügelsalat 86
Rinderhackfleisch
Die perfekten Smash Burger 140–142
Ganz schnelle Tacos 96–97
Rindfleisch
siehe Rinderhackfleisch
Risotto mit Röstgemüse 117
Romanasalat
Mein ultimativer Hähnchen-Taco-Salat 71–72
Rotkohl
Megaleckerer Hähnchen-Lunch-Wrap 63
Rucola
Der beste Schwarze-Bohnen-Burger, den du je gegessen hast 100–102
Sommerlicher Quinoasalat 76
Tripledecker-Hähnchensandwich 56–57
Rührbesen 13

S
Sahnige Gemüsesuppe 90
Salatdressings (Formel) 72
Salatgurke
Mediterraner Nudelsalat 75
Preiswerte Poke Bowl mit Huhn 128–130
Sommerlicher Quinoasalat 76
Sandwiches
Gourmet-Eiersalat-Bagel 67
Reste-Geflügelsalat 86
Tripledecker-Hähnchensandwich 56–57
siehe auch Burger
Sautieren 21
Scharfe Kirschtomaten-Pasta 89
Scharfe Quesadillas mit viel Käse 146
Schmetterlingsschnitt 18
Schneidbrett(er) 13
Schnelles Huhn-Congee 95
Schokolade
Avocado-Schoko-Mousse 166
Dreierlei Smoothie-Bowls 42–43
Erdnussbutter-Schoko-Smoothie-Bowl 43
Gesünderer Schoko-Lavakuchen 158
Mein Lieblingscookie: Banane-Hafer 171
Schwarze Bohnen
Der beste Schwarze-Bohnen-Burger, den du je gegessen hast 100–102
Schwarze-Bohnen-Tacos ohne Schnickschnack 143–145
Üppige Tofu-Burrito-Bowl 131–132
Schwarze-Bohnen-Tacos ohne Schnickschnack 143–145
Schweizer Bircher-Müsli 44
Selbst gemachte Gnocchi mit Erbsen und Walnüssen 108–111
Shakshuka
Mein Spezial-Shakshuka 52–53
Nahöstliches Shakshuka 47
Softeis mit nur zwei Zutaten 161
Sojasauce 17
Sommerlicher Quinoasalat 76
Spinat
Dreierlei Smoothie-Bowls 42–43
Power-Smoothie 41
Spinnensieb 13
Stets perfekter Reis 27
Surimi
Preiswerte Poke Bowl mit Huhn 128–130
Süß-scharfe Tofunudeln 114
Süßkartoffel(n)
Knuspriger Süßkartoffel-Kichererbsen-Salat 68–70
Meine Lieblings-Gemüseküchlein 155
Quinoa-Bowl mit reichlich Gemüse 135
Süßungsmittel 17

T
Tacos
Frühstückstacos mit Bacon, Avocado und Ei 51
Ganz schnelle Tacos 96–97
Schwarze-Bohnen-Tacos ohne Schnickschnack 143–145
Tahini
Avocadotoast de luxe 32
Knuspriger Süßkartoffel-Kichererbsen-Salat (Dressing) 69
Tripledecker-Hähnchensandwich (Sauce) 57
Thunfisch-Quesadilla mit Kapern 64
Tofu
Süß-scharfe Tofunudeln 114
Üppige Tofu-Burrito-Bowl 131–133
Tomate(n)
Avocadotoast de luxe 32
Der beste Schwarze-Bohnen-Burger, den du je gegessen hast 100–102
Die perfekten Smash Burger 140–142
Ganz schnelle Tacos 96–97
Mein Spezial-Shakshuka 52–53
Mein ultimativer Hähnchen-Taco-Salat 71–72
Reste-Geflügelsalat 86
Tripledecker-Hähnchensandwich 56–57
Üppige Tofu-Burrito-Bowl 131–133
siehe auch Kirschtomaten
Tortillas 17
Kichererbsen-Wrap 60
Megaleckerer Hähnchen-Lunch-Wrap 63
Thunfisch-Quesadilla mit Kapern 64
siehe auch Weizentortillas
Traumhaft cremiges Butter Chicken 83
Tripledecker-Hähnchensandwich 56

U
Unkomplizierte Hähnchenbrust 25
Unter Rühren scharf anbraten 21
Üppige Tofu-Burrito-Bowl 131–133

W
Walnusskerne
Baked Oats mit Erdnussbutter und Bananen 35
Dreierlei Smoothie-Bowls 42–43
Mamas Walnuss-Dessertpasta 164–165
Mein Lieblingscookie: Banane-Hafer 171
Pasta mit selbst gemachtem Pesto und Tomaten 120–121
Quinoa-Bowl mit reichlich Gemüse 135
Selbst gemachte Gnocchi mit Erbsen und Walnüssen 108–111
Sommerlicher Quinoasalat 76
Zimtiger Apfel-Crumble 162
Weizentortillas
Ganz schnelle Tacos 96–97
Mein ultimativer Hähnchen-Taco-Salat 71–72
Scharfe Quesadillas mit viel Käse 146
Schwarze-Bohnen-Tacos ohne Schnickschnack 143–145
siehe auch Tortillas
Wraps
Kichererbsen-Wrap 60
Megaleckerer Hähnchen-Lunch-Wrap 63

Z
Zimtiger Apfel-Crumble 162
Zucchini
Meine Lieblings-Gemüseküchlein 155
Zwiebeln, eingelegte
siehe Eingelegte rote Zwiebeln (und anderes)